Mosaïques II

cahier d'introduction à l'analyse culturelle

Gilles Bousquet and Andrew Irving

Karine Baumander • Merit Deitz • Paige Gilbert
René(e) Gosson • Roberta Hatcher • Eric Loizeau

University of Wisconsin – Madison

KENDALL/HUNT PUBLISHING COMPANY
4050 Westmark Drive   Dubuque, Iowa 52002

Credits

p. 48   photo: "Hubert, Saïd et Vincent" and additional photo from the film <u>La Haine</u>. Reprinted with permission from *Photofest*.

pp. 72 & 74   drawings by *Plaintu*, reprinted with permission from the artist.

p. 80   poem *Schizophrénie Linguistique* by Jean Arceneaux reprinted with permission from *Intermède Communications*.

p. 81   poem *Trahison* by Léon Laleau reprinted with permission from *Présence Africaine*.

All other images reprinted with permission from ArtToday [www.arttoday.com].

Cover photos (from top to bottom):
1, 2, 3, 6, 7, 8 from PhotoDisc
4, 5, taken by Gilles Bousquet

Copyright © 1993, 1999 by Kendall/Hunt Publishing Company

ISBN 0-7872-6264-1

Printed in the United States of America
10 9 8 7 6 5 4 3 2 1

> **MOSAÏQUE** 1. Assemblage décoratif de petites pièces rapportées (pierre, marbre, terre cuite, smalt) retenues par un ciment et dont la combinaison figure un dessin; art d'exécuter ces assemblages. 2. (fig.) Ensemble d'éléments juxaposés, ouvrage fait de pièces et de morceaux. (Le Petit Robert, 1985)
>
> **MOSAÏQUES II** 1. Twelve individual units covering diverse aspects of different francophone cultures. 2. (fig.) a tile assemblage that, when observed from a distance, helps non-native students of French attain a fuller understanding of the world's French-speaking societies.

   MOSAÏQUES is different. Yes, it is a workbook. Yes, there are texts to read. Yes, there are questions and answers. Yes, there are activities that warm you up, spark your interest, test your skills, expand your knowledge, and push you to go even further than you thought possible. But that is not the primary goal of this book.

   By means of an informative yet personalized approach, **Mosaïques** encourages students to develop their own unifying framework for analyzing French and francophone culture, a framework that is sure to offer valuable insights into their own culture as well.

   Because every culture is itself a mosaic, diverse in practices and opinions, each of this book's units in some way draws out the differences that exist within a culture as well as those that distinguish it from the student's own experience. Contact with each unit thus becomes a dialogue between the learner and a real, multi-faceted society. For this reason, the title of this book is not Mosaïque, but rather **Mosaïques**. It is in the plural that the metaphor rings the clearest.

   In addition to offering students a diverse and patchworked initiation to culture in French and francophone societies, this book is also an exercise in language practice. Centered around "petites pièces rapportées" from the culture being studied, each unit invites students to piece together their understanding of human interactions and to examine the role of language in those interactions. Active analysis of societal realities will, through this dialogue, enable intermediate students of French to become more proficient in the language itself, in all its cultural diversity. This is the fundamental aim of **Mosaïques**.

   Mosaïques has been tested at the University of Wisconsin-Madison over a number of semesters and could have not reached its final form without the help of many dedicated instructors. Through classroom testing, cultural studies research, and exploration into current practices in intermediate second language acquisition, the authors of this workbook have adapted and developed a successful strategy for dealing with cultural *tiles*. It is this strategy, as outlined on the next page, that **Mosaïques** hopes to share with students.

MOSAÏQUES: *MODE D'EMPLOI*

Units can be done in 4 or 5 segments and integrated into your course's broader curriculum.

1 Each unit begins with a **QUOTE**, often from a famous French writer, scholar, or practitioner. This quote can serve as a basis for preliminary discussion or composition. Read the quote carefully in reference to the unit you are about to tackle. Will your reaction to the quote change or remain the same? Are you shocked? Confused? Intrigued?

2 **APPROCHE...** At home or in class, you will read and do the *Approche* activities. Begin with a thorough understanding of the unit's objectives as outlined from the start. Read carefully the introductory material as this will prove to be very helpful in approaching the main ideas of the *cultural tiles* that you will be studying. In class, usually the following day, you will elaborate on your ideas. Feel free to write directly on the pages of your **Mosaïques** so that you will be prepared to discuss the material with your classmates.

3 **DÉCOUVERTE...** At this point, you will already have done much of the preparation to read and *discover* the cultural *tile* (the text, the dialogue, the image, the statistics, the film, etc.). Yet before you begin reading, focus on what interested you most during class discussions of the *Approche* activities. These "mental calisthenics" will help you in your reading. While reading the text or documents, you will often be asked to do accompanying strategy exercises. These are designed to help you maximize your comprehension and improve your reading skills as you may discover something new about one of many francophone societies.

4 **EXPLORATION...** In this section of the unit, you will explore in more depth the text you will have just read. In answering these questions, try to understand the logic that underlies them, as well as their relation to the unit's ideas. Also, try to foresee any further questions that the unit may not have directly addressed (imagine that you are preparing to be interviewed on a talk show about the issues in the unit, for example). These questions will also be discussed in class.

5 **OUVERTURE...** As the title of this section suggests, you and your teacher are free to "open" the unit to a number of different directions in order to draw on what you have learned in your contact with the *cultural tile*. Questions or activities from *Ouverture* can be used as a basis for writing, more classroom discussion, role-playing, or research on the Internet.

TROUBLESHOOTING

Mosaïques is, at times, provocative and frustrating. You will be confronted with questions for which you have no answer. That's OK! Why not start there! Ask yourself why you don't know? Is this something you have never thought about? Is there another approach to answering the question? Ask around. Consult a dictionary, an encyclopedia, or an on-line source. Do your best and remember, the reward is in the process (not just the right answer).

If you have question or comments, please feel free to e-mail the authors Dr. Gilles Bousquet (bousquet@facstaff.wisc.edu) and Dr. Andrew Irving (atirving@facstaff.wisc.edu), or write them at the Dept. of French and Italian / 618 Van Hise Hall / 1220 Linden Drive / Madison, WI 53706.

TABLE DES UNITÉS

De notre naissance à notre mort,
nous sommes un cortège d'autres
qui sont reliés par un fil ténu.
--Jean COCTEAU (1889-1963)

Approche...   Qui êtes-vous? Qui est l'autre? Cette première unité vous pose ces questions, vous invite à imaginer *l'autre*, et vous demande de réfléchir sur comment vous vous décrivez... en commençant par votre nom.

A.   Votre **prénom** et votre **nom de famille**, que révèlent-ils? votre personnalité? votre âge? ...que vous appartenez à une certaine race? religion? classe? ou culture?

B.   A votre avis, quels sont les éléments qui composent une culture? (race(s), religion, sports, arts, littérature, histoire, aspects physiques, cuisine, loisirs, argent, etc....)

C.   Imaginez : Quelqu'un que vous connaissez -- seulement par courrier électronique (Internet) -- vous demande de vous décrire. Que lui écririez-vous? Réfléchissez à votre réponse à B (ci-dessus).

   Je suis...

D.   Maintenant, cette personne – un(e) francophone (pour qui le français est la langue maternelle) – fait le même genre de description. Décrivez ce(tte) francophone d'après <u>vos</u> expériences, mais de <u>son</u> point de vue.

   Je suis...

E.   Imaginez que vous faites un voyage dans un pays étranger. On vous demande d'apporter <u>une chose</u> qui représente au moins un aspect de votre culture (une photo, un texte, des vêtements, de la nourriture, ce que vous voulez). Préparez une courte présentation qui explique votre choix. Si possible, apportez cet objet en classe.

Découverte...   Ce texte est un extrait de *La statue de sel* (1953), récit autobiographique d'Albert Memmi, écrivain d'expression française, né en Tunisie.

Je m'appelle *Mordekhaï, Alexandre Benillouche*. Alexandre: claironnant*,   *loud and clear*

glorieux, me fut donné par mes parents en hommage à l'Occident prestigieux. Il leur

semblait traduire l'image qu'ils avaient de l'Europe. Mordekhaï, Mridakh en diminutif,

marquait ma participation à la tradition juive. C'était le nom redoutable* d'un glorieux   *formidable*

Macchabée, celui aussi de mon grand-père, débile vieillard, qui jamais n'oublia les

terreurs du ghetto. Appelez-vous Pierre ou Jean, et changeant d'habit* vous changerez   *de vêtements*

de statut apparent. Dans ce pays, Mridakh est si obstinément révélateur, qu'il

équivaut* à clamer "je suis juif!" et plus précisément "j'habite le ghetto", "je suis de   *equals*

statut indigène", "je suis de mœurs* orientales", "je suis pauvre". Et j'avais appris à   *morals*

refuser ces quatre titres... Mordekhaï, Alexandre, Benillouche, Benillouche enfin, Ben-

Illouche ou le fils de l'agneau en patois* berbéro-arabe. De quelle tribu montagnarde   *provincial dialect*

mes ancêtres sont-ils sortis? ***Qui suis-je enfin***?

A. Le narrateur, comment s'appelle-t-il? Relisez le texte et <u>soulignez</u> toute référence à son nom. Ensuite, notez-les ci-dessous et complétez le tableau.

NOMS	ORIGINES (race, religion, région)	ASSOCIATION(S) (Qu'est-ce que ce nom révèle?)

B. Le narrateur, pense-t-il que ses noms représentent bien son identité? Oui / Non. Expliquez votre réponse?

Exploration...   Avant de répondre aux questions d'Exploration, <u>relisez</u> encore l'extrait de *La statue de sel* (1953) d'Albert Memmi.

A.   Pour quelles raisons le narrateur porte-t-il ces différents noms?

B.   Que pensez-vous du fait qu'il a plusieurs noms?

C.   Relisez cette phrase (lignes 7-8) : "Appelez-vous Pierre ou Jean, et changeant d'habit vous changerez de statut apparent."

   1.   Comment interprétez-vous cette phrase?

   2.   Selon vos propres expériences, croyez-vous que ce soit vrai?

D.   On pourrait dire que le nom *Mordekhaï, Alexandre Benillouche* représente une influence "multi-culturelle" chez le narrateur. Comment?

E.   Le narrateur se demande "qui suis-je enfin?".

   1.   Quelles réponses pouvez-vous lui proposer?

   2.   Terminez une phrase avec "enfin" est souvent signe de frustration. Pourquoi Mordekhaï se sent-il frustré?

F.   Et vous? Dans quelle mesure pourriez-vous dire que vous êtes aussi un mélange de différentes cultures?

Ouverture...

A.   A VOUS: *Qui êtes-vous enfin?* En imitant le style du texte, demandez-vous:
"Qui suis-je enfin?"

- Réfléchissez à l'importance de votre nom et de vos origines.
- Quelle est l'image que les autres pourront avoir de vous?
- Etes-vous satisfait de votre "statut apparent" (*Découverte,* ligne 8)?
- Quels changements pourriez-vous effectuer?

B.   A VOUS: *Imaginez! Inventez!* Il y a des noms que l'on aime, d'autres que l'on déteste, et
certains dont on rêve. Choisissez un nom célèbre (par exemple une vedette de cinéma, un(e)
politicien(ne), ou un(e) artiste), ou un nom inventé, et expliquez ce que ce nom révèle.

C.   ACTIVITE de GROUPE: *Faites un sondage!* Comment est-ce que les autres
envisagent le rapport entre la culture et l'identité? En vous inspirant des parties
Approche... (surtout question B) et *Découverte...* de cette unité, écrivez un
questionnaire. Pour chaque personne à qui vous posez les questions, notez bien leur
nom, lieu de naissance, nationalité, race, et peut-être religion.

D.   A DEUX: *Un dialogue électronique?* Avec un partenaire dans la classe, commencez un
dialogue quotidien, en français, par courrier électronique (e-mail). Si vous avez de

difficultés avec les accents, ne vous en préoccupez pas trop. Mais
surtout, écrivez strictement en français. Réfléchissez aussi à vos
activités préférées, à l'enfance, à votre famille, à vos études, à vos
buts, à vos projets pour le week-end, etc.

*Ce qu'il y a de plus utile
pour former de jeunes esprits,
ce sont les choses inutiles.*
-- Georges DUHAMEL (1884-1966)

Approche... Apprenons à nous servir d'un outil de recherche *relativement* nouveau: Internet[1]. Accédons à un monde d'information. Approfondissons nos connaissances en culture francophone, tout en exami nant nos conceptions des francophones et leurs conceptions de nous. Commençons avec le lexique de base:

I. **Vocabulaire**: Examinez la liste ci-dessous de termes ou de concepts importants dans le domaine des ordinateurs. Pour les expressions sans définition, devinez (*guess*) l'équivalent en anglais ou consultez un dictionnaire.

LES OUTILS

adresse électronique (f.)

CD rom (m.)

clavier (m.)

disquette (f.)

disque (dur) (m.)

écran (m.)

fichier (m.) - document stocké/sauvegardé dans la mémoire d'un ordinateur ou sur disquette.

icône (f.)

internaute (m/f) - une personne qui surfe sur Internet.

imprimante (f.) (à laser, à jet d'encre, matricielle)

lien (m.)

logiciel (m.) - programme exécuté par un ordinateur, par exemple, traitement de texte, navigateur, banque de données

mémoire (f.)

messagerie (f) / courrier (m.) électronique

moteur de recherche (m.) - logiciel qui permet de répertorier des sites Web

page Web/page d'accueil (f.) - souvent synonyme d'un site Web ou de la première page d'un site

police (f.) de caractères – taille et style des lettres

site (m.) - fichier(s) qui représente(nt) une page Web, un *gopher* ou un groupe de discussion, par exemple

souris (f.)

traitement de texte (m) - un logiciel tel que *Microsoft Word* ou *Word Perfect* qui permet d'écrire sur l'ordinateur.

URL (m.) - l'adresse d'un site Web (*Uniform Resource Locator*)

Web (m.), toile (f.) - réseau de documents écrits en HTML (*Hyper Text Markup Language*) qu'on peut consulter à l'aide d'un logiciel de navigation (World Wide Web, W3, Web)

A. Identifiez en français ce que représentent ces objets et symboles.

URL
www.culture.fr

mleclert@imagenet.fr

un clavier

un souris

une disque

une imprimante

écran

disquette

[1] ***N.B.*** En français, on lit et on entend le mot *Internet* avec <u>et</u> sans l'article défini (l').

6   OPERATION INTERNET

LES OPERATIONS

activer, agrandir - rendre active une fenêtre contenant un logiciel en cliquant deux fois sur son icône	*réduire* - transformer une fenêtre en une icône en cliquant sur la flèche ou sur la croix en haut dans le coin de la fenêtre
afficher - faire apparaître à l'écran	*sauvegarder, stocker*
annuler	*surfer, naviguer, balader (se)*
imprimer	*supprimer* - effacer quelque chose d'un fichier ou un fichier entier de la mémoire de l'ordinateur
brancher, connecter (se)	
lancer - démarrer un logiciel	*taper*
	télécharger - envoyer ou recevoir un fichier sur le réseau de l'Internet

B. Complétez les phrases avec les expressions qui conviennent:

1. Il faut _Sauvegarder_ tous vos documents sur un disque avant de vous déconnecter, sinon, vous risquez de les _annuler_ par accident.

2. Si on veut _réduire_ une opération, on doit appuyer sur le bouton qui correspond. Il se trouve toujours en haut et à gauche sur le clavier.

3. La _souris_ se trouve à droite ou à gauche du clavier.

4. Veux-tu _naviguer_ sur Internet ? D'abord, il faut _____ avec ton modem.

5. Si on veut écouter de la musique de l'Internet, il faut d'abord l(a) _____ sur le disque dur.

6. J'écris à la main plus lentement que je _tape_ sur un clavier.

7. Je ne peux pas _imprimer_ le document parce que je n'ai pas d'imprimante.

8. Je viens d'acheter un nouveau _programme logiciel_. C'est *Word98*.

9. Sandrine est une vraie _pirate_ ! Elle passe des heures sur le Web.

C. Dans les deux listes, quelles expressions françaises sont similaires aux expressions anglaises/américaines ? Indiquez-les. A votre avis, pourquoi est-ce qu'il y a tant d'anglicismes dans le domaine de l'informatique ?

URL, Pirate, disque, disquette

L'Internet a commencé dans les É.U.

II. L'Internet et vous:

A. Est-ce que vous êtes branché(e) sur le Web ? Pourquoi *surfez*-vous sur Internet ?

- ☒ pour rechercher de l'information
- ☒ pour communiquer avec des amis
- ____ pour rencontrer de nouveaux amis
- ☒ pour faire des achats
- ☒ pour faire passer le temps

- ☒ pour lire des articles, des journaux
- ☒ pour travailler
- ____ pour une autre raison ?_____
- _____
- _____

B. Est-ce que c'est une bonne idée de contrôler ce que nous pouvons faire sur le Web ? (ou ce que les enfants peuvent faire sur le Web ?) Expliquer les raisons POUR et CONTRE le contrôle.

POUR	CONTRE
l'iformatiom libre	mon frère et la pornographie

C. Est-ce que vous pensez qu'il faut payer pour avoir accès aux sites sur le Web ? Pourquoi oui ? / Pourquoi non ?

Nous avons déjà payer pour accès aux sites (les publicité)

Découverte... Nous allons rechercher des journaux sur le World Wide Web.

I.   Questions de départ:

A. Quelle source d'actualités préférez-vous: la télé, la radio, le journal, l'ouï-dire (ce que disent les gens) ? Pourquoi ? Justifiez votre choix.

Je préfère l'Internet. facile, vitze, plus facile chercher moins de deschets, les nouvelles spécialisé

B. Lisez-vous le journal ? OUI / NON

1. Si NON, pourquoi ?

Sil y a quelque chose important oui, mais, typique Non

Si OUI, est-ce que vous le lisez...

____tous les jours   ____le week-end   ____2-3 fois par semaine   ____de temps en temps

2. Si OUI, comment s'appelle-t-il ? Comment caractérisez-vous ce journal ?

3. Si OUI, pourquoi choisissez-vous ce journal ?

C. A votre avis, quelle est la fonction la plus importante d'un journal ? Pourquoi ?

Il inform les gens de que-ét-ce qui se passent Maintenant. Pour lui, qui veut savoir.

II. Points de départ: Bien qu'il y ait plusieurs sites consacrés aux actualités, il est très pratique de commencer votre recherche de journaux ici :

<u>**www.yahoo.fr**</u>   (Yahoo France)

Vous pouvez aussi consulter ces adresses intéressantes:

Moteurs de recherches   **Index de journaux**

http://imaginet.fr (ImagiNet)   http://globegate.utm.edu/french/topics/newspapers
http://nomade.fr (Nomade)   http://www.afp.com/francais/liens
http://lokace.iplus.fr (Lokace)   http://www.francelink.com
http://www.cocorico.com (Cocorico)   http://www.pagefrance.com
http://carrefour.net (Carrefour)   http://www.swarthmore.edu/Humanities/clicnet/presse.ecrite.html
                                           http://www.webdo.ch/webactu/webactu_presse.html

Index généraux

http://www.toile.qc.ca   "La Toile du Québec"
http://etext.lib.virginia.edu/french.html#FR3   "Université de Virginie"
http://www.utm.edu.departements/french/french.html "Tennessee Bob"
http:www.swarthmore.edu/Humanities/clicnet   "Clicnet"

Exploration...   **Connectez-vous!**

A. Allons-y! A partir de www.yahoo.fr, trouvez une liste de journaux en ligne.

1. Quels pays francophones y sont représentés ? (Où est-ce que ces journaux sont publiés ?)

Belgique, Canada, Haïti, Maroc Tunisie

2. Quels pays non-francophones y sont représentés ?

3. Quels journaux sont des quotidiens (publiés tous les jours) ?

Le monde, Le figaro

4. Est-ce qu'il y a des hebdomadaires (publiés toutes les semaines) ? Lesquels ?

L'Express, le point en ligne Bordeux express

5. Avez-vous trouvé un journal publié aux Etats-Unis ? Si oui, à quel grand journal français est-il lié ?

6. Qu'est-ce qu'il y a à la une (à la première page) d'un des grands journaux de la France aujourd'hui ? Donnez le nom du journal et les gros titres importants.

Le monde Afg... deuxième vague de bombardements

7. Quelle est la météo pour une des régions de la France (ou pour une autre région du monde francophone) aujourd'hui ?

Nice (sud)

Belles Éclaircies

16c/24c

8. Trouvez une émission qui passe à la télé ce soir. Comment s'appelle cette émission ?

   Sur Canal Plus Omar et fred.

9. Trouvez un journal publié par des étudiants et comparez-le avec le journal de votre école ou université. Quelle en est votre impression ? Quels sont les intérêts implicites des étudiants ? Décrivez leur façon d'écrire.

   Ils ont l'air aussi professionel

B. **Continuez!** Maintenant, choisissez un article de journal qui vous intéresse. Répondez aux questions suivantes:

1. Quel est le nom du journal d'où vient votre article ? De quelle ville vient-il ?

   Impact Campus, l'Université Laval

2. Sous quelle rubrique (par exemple, *sports, loisirs, international*) se trouve votre article.

   la technologie

3. Indiquez si le reportage dans votre article est local, national, ou international.

   local, presque international

4. Pourquoi avez-vous choisi cet article ?

   Parce que cette virus est vraiment horrible pour les ordinateurs avec Windows.

5. Quel est le sujet de votre article, d'après le gros titre ?

   3 serveurs de l'UC laval ont été attaqués par la virus nimda.

6. Lisez le premier et le dernier paragraphes. Essayez de faire un bref résumé de l'article d'après ces deux paragraphes. Par exemple: *Dans l'article, j'imagine qu'il s'agit de.....*

7. Maintenant, lisez le reste de l'article. Récrivez ce résumé en donnant plus de détails.

Ouverture...

A. A DEUX: Avec un camarade de classe, imaginez que vous êtes Parisien(ne)s. Que faites-vous ce week-end pour vous amuser ? Vous ne savez pas ? Alors, consultez *Pariscope* ! http://pariscope.fr.

Faites votre planning (comme disent les Parisiens !) pour ce week-end. Vous allez au ciné-ma ? au théâtre ? Dans quel restaurant(s) allez-vous manger ? Y a-t-il des expositions ?

B. A VOUS: *Créez votre propre site Internet ?*   Pas vraiment, mais *si* c'était possible..... Ima-ginez que vous créez un site Internet. Que peut-on trouver dessus ? A quel public s'adresse-t-il ? Quelles informations allez-vous offrir aux internautes ? Quelles images insérez-vous ? Soyez créatif /-ive !

C. A VOUS: A l'aide des ordinateurs les plus modernes, on peut regarder des informations sur vidéo. A partir d'un des index ci-dessus (par exemple, *francelink.com*), regardez les informations en français. Même si vous avez du mal à comprendre (puisque souvent il n'y a pas de sous-titres), notez au moins un sujet intéressant. Ensuite, cherchez ailleurs un article sur ce sujet. Si possi-ble, imprimez l'article et apportez-le en classe.

D. ACTIVITE de GROUPE: *Faites un tour du monde francophone.* Chaque étudiant de la classe fait de la recherche sur un pays / une région francophone. Utilisez un moteur de recherche français (tel que www.yahoo.fr) et faites votre recherche à partir des mots clés. Par exemple : "la Martinique, tourisme" ou "Sénégal, voyages". Quelles informations pourriez-vous trouver ? Voici quelques possibilités :

- les actualités : Que se passe-t-il actuellement dans ce pays ou dans cette région ?
- la géographie : Où se trouve ce pays ? (Il va falloir peut-être consulter une encyclopédie.) Cherchez les détails sur la population, les produits, l'industrie, etc.
- les institutions : Décrivez brièvement le système d'éducation, le système de gouvernement, ou la place de la religion.
- la vie quotidienne : Pourriez-vous trouver un (des) article(s) qui traitent de la vie de tous les jours ?

Documentation Supplémentaire: Voici deux textes adaptés d'un *webzine* sur Internet.

LE VILLAGE INTERNET

Internet est constitué de milliers de réseaux* et d'ordinateurs autonomes. L'adjectif "autonomes" est essentiel: si quelqu'un coupe la liaison avec son propre ordinateur, le reste du réseau continue à fonctionner. Bien évidemment les informations stockées sur cet ordinateur spécifique ne sont plus accessibles; c'est ce qui arrive parfois lorsque vous ne parvenez plus à vous connecter à un site donné. Internet reste aux yeux des puristes un espace devant être protégé de toute activité commerciale, d'où les propos parfois agressifs et acerbes à l'encontre de* cette nouvelle forme d'utilisation d'Internet et la volée de bois vert* que récoltent ceux qui transmettent des annonces à caractères publicitaires au mauvais endroit.

L'absence de contrôle sur Internet implique que tout peut arriver, notamment dans les groupes de discussions (*Newsgroups*). Les clignotants* sont au rouge et le réseau est, en ce moment, observé de très près par les hommes de loi, les politiciens et les gouvernements. Et l'on reparle de vide juridique. Fin 1995, *Compuserve* a bloqué l'accès à environ 200 forums traitant de près ou de loin de sexe, et ce, sous la pression du gouvernement allemand, et la planète entière a été concernée. La France a, elle aussi, connu ce type d'excès, à l'issue desquels* les principaux fournisseurs d'accès se sont regroupés pour réfléchir ensemble à une moralisation. Parce qu'Internet a longtemps existé hors de* la sphère commerciale, une forte solidarité s'est créée entre internautes et l'on voyait des programmeurs offrir gratuitement leurs programmes, des experts donner des informations et des conseils sans contrepartie. Vous trouverez encore aujourd'hui des personnes toutes disposées* à vous aider en cas de besoin.

Même si cette époque n'est pas complètement révolue, Internet aborde une nouvelle phase de son développement: ainsi des éditeurs de logiciels tels Netscape et Spry semblent revenir sur le mode de distribution gratuit jusqu'à présent de leur logiciel de navigation, et les entreprises commencent à intégrer Internet dans leur stratégie commerciale.

networks

face à

les attaques critiques et parfois violentes

blinking lights

as a result of which

outside of

ready

PROCHAIN ARRET : INTERNET POUR TOUS

Ces deux dernières années, Internet est devenu "chose publique": des sites pour enfants aux adresses www qui commencent à fleurir* sur les affiches publicitaires, en passant par les adresses E-mail sur les cartes de visite, Internet s'installe dans notre vie.

to blossom

Chronique d'un succès annoncé: devenus financièrement plus abordables pour les particuliers, les micro-ordinateurs, équipés en standard de périphériques multimédias et autres modems, sont entrés dans nos foyers. L'essor du World Wide Web, avec son interface conviviale, a aussi contribué à populariser Internet, en facilitant l'accès à l'information.

D'une poignée, il y a deux ans, les fournisseurs d'accès sont maintenant plus d'une centaine en France. Les coûts de connexion sont en baisse constante. Des services en ligne proposent l'accès à Internet en plus de leurs prestations. Utilisateurs, n'hésitez pas à faire jouer la concurrence !

Internet nous touche désormais sur notre lieu de travail (l'Intranet, réseau Internet à l'intérieur d'une entreprise) et dans la douceur de nos foyers, enjeux commerciaux à la clé. La gamme des produis Internet s'étend : suites serveur pour l'entreprise et, bientôt à n'en pas douter, des suites logicielles pour l'utilisateur final. Allons, assez parlé du futur et voyons comment vous pouvez profiter immédiatement d'Internet, après votre pause café.

Questions de réflexion :

1. Quelle est l'importance de l'autonomie des ordinateurs sur Internet ?

2. Qu'est-ce que les puristes pensent de l'idée d'employer l'Internet pour l'activité commerciale ?

3. Qui contrôle l'Internet ?

4. Quelles sont les indications dans le texte que l'Internet "s'installe dans notre vie" ?

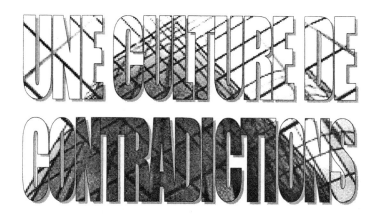

*Ne soyez ni obstinés
dans le maintien de ce qui s'écroule,
ni trop pressés dans l'établissement
de ce qui semble s'annoncer.*
-- Benjamin CONSTANT (1767-1830)

Approche...   Examinons l'opposition entre *le progrès* et *la tradition, le changement* et *le conformisme,* et *l'identité villageoise* et *l'identité citadine.* Commençons avec vous et vos habitudes. Quel type de consommateur/trice êtes-vous ?

A.   Aimez-vous faire des courses ? Dans quels types de magasins les faites-vous ?

B.   Quels sont les **avantages** et les **inconvénients** à faire ses courses dans **les grandes surfaces**, c'est-à-dire, dans les grands supermarchés, souvent dans ou près des centres commerciaux ?

Avantages	Inconvénients

C.   Quels sont les **avantages** et les **inconvénients** à faire ses courses dans **les petits commerces**, c'est-à-dire, dans les boutiques et les petits magasins, souvent situés au centre-ville ?

Avantages	Inconvénients

D.   Y a-t-il encore un centre-ville avec de petits commerces dans la ville où vous habitez maintenant ? Décrivez l'un de ces commerces.

E.   De manière générale, est-ce que les petits commerces vont complètement disparaître ou refleurir ? Oui / Non. Pourquoi ?

F. Si les petits commerces disparaissent, les regretterez-vous ? Quels sont les facteurs qui pourraient provoquer leur renaissance ?

Découverte...

LA CONTRADICTION DU CONSOMMATEUR MODERNE. D'abord, lisez ce texte <u>sans</u> vous préoccuper des expressions <u>soulignées</u>. Ensuite, répondez aux questions qui suivent en relisant le texte.

Les Français pleurent la fermeture de leurs petits commerces mais adorent faire leurs courses dans les grandes surfaces... Si ça n'est pas une contradiction! En effet, <u>se lamenter sur</u> <u>le sort</u> des villages sans commerces et tout en <u>se plaignant de</u> <u>la croissance</u> des <u>banlieues-dortoirs</u> est un passe-temps assez commun en France.

En fait, la France <u>détient</u> le plus grand nombre de grandes surfaces par habitant au monde. D'ailleurs, au cours de ces dernières années, bon nombre de communes rurales ont reçu <u>des fonds</u> de l'Etat pour subventionner leurs petits commerces et ainsi combattre <u>la désertification des campagnes</u>.

<u>Le comble</u> est que, si les Français regrettent la droguerie (*drug store*) de la rue principale et <u>la quincaillerie</u> de leur enfance, ils <u>crient au vol</u> devant les prix pratiqués par les petits commerçants ayant échappé à <u>la débâcle</u>!

A. En relisant le passage et en faisant très attention au contexte, choisissez les synonymes les plus logiques des expressions soulignées dans le texte.

expressions	synonymes
1. se lamenter sur	_____ l'exode rural, l'abandon des petits villages
2. le sort	_____ la banqueroute, la fuite soudaine
3. se plaignant de (verbe : plaindre)	_____ l'ironie ultime, la plus grande contradiction
4. la croissance	_____ de l'argent
5. banlieues-dortoirs	_____ un magasin de matériel pour la maison
6. détient (verbe : détenir)	_____ possède (verbe : posséder)
7. des fonds	_____ dénoncent un crime (verbe : dénoncer)
8. la désertification des campagnes	_____ se lamenter sur
9. Le comble	_____ se plaindre de
10. la quincaillerie	_____ la condition, la destinée, la fatalité
11. crient au vol (verbe : crier)	_____ cités résidentielles près des grandes villes
12. la débâcle	_____ l'augmentation

B. Les prix pratiqués par les petits commerçants sont plus élevés que ceux des grandes surfaces. Pourquoi ?

C. Les petits commerces disparaissent. Pourquoi, à votre avis, est-ce que les Français regrettent ce phénomène ? Que fait-on en France pour empêcher la disparition des petits commerces ?

D. Les Français regrettent la droguerie de la rue principale et la quincaillerie de leur enfance. Dans la ville ou le village où vous avez grandi, comment s'appelait cette "rue principale", cette "droguerie", cette "quincaillerie" ? Est-ce que la mention de ces noms évoque pour vous des souvenirs ? Pourquoi ?

Exploration...

LE FRANÇAIS CONTRADICTOIRE. Ce n'est pas seulement au supermarché que la nature contradictoire des Français apparaît. Voici d'autres exemples de contradictions.

> Les Français désirent toujours améliorer leur société mais dès que les premiers signes d'une évolution apparaissent, ils résistent. Avec eux, c'est souvent tout ou rien!
>
> Voilà, ils méprisent* l'impérialisme des Etats-Unis mais ce sont les plus grands fans de séries de télévision américaine au monde. Aussi, certains refusent que leur langue chérie subissent* les attaques du "barbare anglo-américain" mais le *franglais* leur semble tellement cool et funky! Ils se croient les champions du monde en matière de* gastronomie ; pourtant, en France les fast food font un tabac*. Ils se disent cartésiens, mais 10 millions d'entre eux consultent des voyantes* et 57% croient à leur horoscope. Il y a deux ans, quand on parlait des "autoroutes de l'information," certains Français demandaient ironiquement : "Par quelles villes est-ce qu'elles passent ?" En tout cas, aujourd'hui le nombre d'abonnements* au Net connaît une croissance phénoménale. Enfin, en 1995, Jacques Chirac a gagné les élections présidentielles, grâce à son volontarisme réformiste. Cependant, à son premier effort de réforme (une réorganisation du système de sécurité sociale) des grèves* éclatent*!
>
> Charles de Gaulle* le disait: "Les Français ne font de réformes qu'à l'occasion d'une révolution." Alors, essayez de démontrer à un Français que lui et ses compatriotes veulent le beurre et l'argent du beurre*, il répondra *"Ouais, t'as p't-être raison, mais tu vois, c'est ce qui fait notre charme"*!

distrust

undergo

in the area of
are a hit
fortune tellers

subscriptions

strikes, break out

want their cake
and eat it too

A. Complétez les phrases suivantes en vous aidant du texte.

1. Les Français désirent toujours améliorer leur société mais...

2. Les Français méprisent l'impérialisme des Etats-Unis mais...

3. Les Français veulent sauvegarder leur langue mais...

---

* Président de la République Française (1958-1969), fondateur de la Vème République.

    4.   Les Français se croient les champions du monde de la gastronomie mais...

    5.   Les Français se croient rationalistes mais...

    6.   Les Français sont ironiques à l'égard d'Internet mais...

    7.   Les Français ont voté en faveur de Chirac pour son volontarisme réformiste mais...

B. Au centre des contradictions ci-dessus (*above*), on trouve des éléments importants de l'héritage culturel français. Identifiez les contradictions (#1-7 ci-dessus) associées avec chaque élément (par exemple, la contradiction 4 est associée à la gastronomie, à la cuisine, au savoir-vivre, et au savoir-faire):

_____ l'histoire	_____ la politique
_____ la langue	___4___ le savoir-vivre / le savoir-faire
_____ la tradition	_____ le scepticisme / la méfiance
___4___ la gastronomie / la cuisine	_____ (*autre élément ?*)...............................

C. Réfléchissez à l'histoire de la France (la Révolution Française, par exemple). Pourriez-vous expliquer la phrase de de Gaulle : "Les Français ne font de reformes qu'à l'occasion d'une révolution."

D. Comment interprétez-<u>vous</u> cette tendance des Français à être contradictoires

E. On peut dire que les Américains sont contradictoires aussi. Lisez les exemples suivants de contradictions dans la société américaine. Ensuite, décrivez vos réactions ?

Exemple: *La notion de pouvoir posséder des armes est synonyme de liberté aux Etats-Unis. Cependant, cette liberté transforme certains quartiers (voisinages) en prisons.*   Votre réaction:

Exemple: *Les Américains sont de vrais fanatiques des sports (le football américain, le basket, le bodybuilding, le jogging, etc.), mais, l'obésité hante la société américaine et garantie toujours le succès des entrepreneurs tels que Richard Simmons et Jenny Craig*[*]*.*   Votre réaction:

---

[*] Ces entrepreneurs ont gagné des fortunes en créant des programmes pour aider les gens à (re)trouver leur forme.

F. Pourriez-vous offrir d'autres exemples de la culture de contradictions aux Etats-Unis ? Lesquels ?

G. Quelle est votre opinion des stéréotypes ? (bons, mauvais, basés sur la réalité, basés sur les apparences, etc.)

H. Réfléchissez bien. Avez-vous pris une décision, fait un choix, ou formulé une opinion selon un certain stéréotype ? Si oui, expliquez. (Si non, comment êtes-vous arrivé(e) à faire l'impossible ?......)

I. Quel est le danger des stéréotypes ?

J. La nature contradictoire est seulement un des stéréotypes des Français.

1. Faites une liste des autres stéréotypes sur les Français du point de vue d'un étranger.

2. Pensez-vous que ces stéréotypes soient justifiés ? Pourquoi ? Pourquoi pas ?

K. Il existe aussi des stéréotypes sur les Américains.

1. Ecrivez quelques-uns de ces stéréotypes.

2. Pensez-vous que ces stéréotypes soient justifiés ? Pourquoi ? Pourquoi pas ?

Ouverture...

A.   ACTIVITE de GROUPE: *UN DEBAT*. Divisez la classe en deux groupes. Imaginez
     que vous habitez un petit village. C'est là où vous faites vos courses, où vous achetez
     vos cadeaux, et où vous avez votre compte en banque. A 10 kilomètres du village, on
     va peut-être faire construire un grand centre commercial. Un groupe est *pour* ce
     projet, l'autre groupe est *contre*.

B.   A VOUS: *L'Homme a peur de l'avenir, plus il regarde son passé.* Est-ce vrai ou faux ? Expliquez
     votre réponse à l'aide d'exemples de vos propres expériences.

C.   A VOUS: On peut faire ses courses au centre-ville, dans les centres commerciaux, et maintenant sur
             Internet aussi. Cherchez des sites où vous pouvez faire vos achats. Par exemple, cherchez les
             catalogues -- "3 Suisses", "Cyrillus", "La Redoute" -- ou un grand magasin tel que "Les
             Galeries Lafayette".   Essayez de trouver les 4 objets suivants. Ensuite complétez le tableau.

objet	prix	description (marque, nom, couleur, etc.)
un pantalon		
un disque compact de musique française		
un objet pour la cuisine		
un cadeau pour un ami		

D.   ACTIVITÉ DE GROUPE: Répondez individuellement aux questions suivantes. Et
     ensuite, partagez vos réponses avec la classe.

     De nos jours, la fabrication de la majorité des produits alimentaires est industrielle (*from
     a factory*). Avez-vous une préférence pour les produits de fabrication industrielle ou
     artisanale (*man-made* ou *hand-grown*) ? Etes-vous déjà allé(e) faire vos provisions au
     marché (*at a farmers market, for example*) ou aux magasins spécialisés en produits organiques et naturels ?
     Est-ce pratique de faire ses courses dans un de ces magasins spécialisés ? Combien coûtent ces produits par
     rapport aux prix des supermarchés ?

LA CULTURE EN PRATIQUES

Rien d'excellent ne se fait qu'à loisir.
--André GIDE (1869-1951)

Approche...   Qu'est-ce que vous faites quand vous avez du temps libre ? Cela fait partie de votre culture, n'est-ce pas ?..... Peut-être:

A. **Culture** ou **loisir ?** Voici une liste d'activités. A chaque activité, donnez une note culturelle. 0 = pas culturel du tout, 1 = peu culturel, 2 = culturel, 3 = très culturel.

a. _1_ faire la cuisine

b. _3_ visiter un musée

c. _3_ aller dans une galerie d'art

d. _0_ bricoler (s'occuper de sa voiture, moto, maison)

e. _2_ écouter de la musique classique

f. _0_ écouter les *top 50* (comme les *top 40* aux US)

g. _1_ manger au restaurant

h. _1_ lire régulièrement un grand quotidien national (*le monde, le N.Y. Times*)

i. _1_ partir en vacances

j. _1_ Regarder *Télématin* sur la chaîne *France 2*

k. _0_ aller à un concert de rock

l. _1_ lire régulièrement un magazine d'information

m. _1_ aller au cinéma

n. _0_ faire les boutiques de mode

o. _0_ passer une soirée chez des amis

p. _1_ regarder la télévision

B. Lesquelles des activités ci-dessus sont, pour vous, les PLUS culturelles et les MOINS culturelles. Pourquoi ?

Plus- aller dans un galerie d'art

Moins- soirée des amis

C. En général, pour vos loisirs (*hobbies, freetime*), qu'est-ce que vous préférez faire ? Classez vos préférences de 1 à 12.

_5_ aller au cinéma   _7_ vous promener   _1_ sortir avec des amis

_11_ faire du jogging / du sport   _9_ lire le journal   _10_ écrire (lettres, poèmes, fiction...)

_8_ regarder la télé / une vidéo   _6_ faire les magasins   _2_ *surfer* dans Internet

_4_ aller dans un café   _3_ écouter / jouer de la musique   _12_ autre (indiquez...)

mes loirs

D. Comparez vos réponses avec quelqu'un d'autre dans la classe. Avez-vous les mêmes loisirs ? Demandez à votre partenaire d'expliquer ses choix. Par exemple: *Je préfère aller dans un café parce que j'aime les gens et les discussions autour de moi.* Quelles différences avez-vous trouvées ? <u>Pourquoi</u> avez vous ces différences ?

N.B. A travers les lettres du titre – "LA CULTURE EN PRATIQUES" – on aperçoit le salon de billards de *Le Café de Nuit* de Vincent VanGogh.

E. Au cours des années, les loisirs changent selon les goûts personnels, le temps libre que nous avons, la nouvelle technologie, etc. D'après vous, que fait-on aujourd'hui qu'on ne faisait pas il y a....

...10 ans ? *On ne correspondait pas par e-mail.*
    On écoutait moins de musique hip hop. Et........
    Il y avait moins de pollution
    J'étais marrié

...25 ans ?

...50 ans ?

...100 ans ? On se promenait dans des étoiles.

...250 ans ? Nous bavardions sans parlé.

...500 ans ?

F. Voici une liste d'activités variées. *D'abord,* dites ce que vous avez fait au moins une fois dans les 12 derniers mois. *Ensuite,* avec toute la classe, établissez des pourcentages. *Finalement,* devinez (*guess*) les pourcentages pour les Français d'aujourd'hui.

	Activité	d'abord Avez-vous fait cette activité ? OUI / NON	ensuite Pourcentage d'étudiants de la classe qui l'ont faite.	finalement Pourcentage des Français qui l'ont faite. *Devinez !*	
1.	aller à un match ou à autre spectacle sportif payant	Oui	100	80	25
2.	visiter un parc d'attractions comme Disneyland	Non	44	30	18
3.	aller dans une bibliothèque	Oui	100	25	71
4.	aller au théâtre	Oui	100	40	16
5.	visiter un musée	Non	90	40	30
6.	participer à une soirée karaoké	Oui	80	40	18
7.	visiter un monument historique	Non	40	70	30
8.	aller au cinéma	Oui	100	80	49

G. Maintenant, corrigez vos réponses pour la dernière colonne (réponses en bas de la page 24). Est-ce qu'il y a des résultats qui vous étonnent ? Si oui, lesquels ? (Par exemple: *Autant de Français qui font du karaoké ? ? ?*)

Découverte...   Voici des informations sur les habitudes des Français concernant la lecture de **journaux**, de **magazines**, de **revues** et de **livres**. [*]

I.   Voici quelques faits divers sur la lecture de JOURNAUX:

--Saviez-vous...

...qu'aujourd'hui 27% des Français ne lisent jamais de journaux contre 21% en 1989 ?

...qu'il y a aujourd'hui seulement 13% des Français qui lisent régulièrement un quotidien (*daily paper*) national et 38% qui lisent régulièrement un quotidien régional ?

...que plus on est jeune, moins on lit régulièrement le journal ?

...que lire tous les jours un journal est une activité plutôt masculine, pratiquée le plus souvent par les habitants de la campagne et les retraités (*the retired*) ?

--ET OUI !

A.   D'après vous, y a-t-il de grandes différences entre la presse régionale et la presse nationale ? Expliquez.

Oui. La presse régionale a les evennements qui sont important où on habite. La presse nationale est presque internationale

B.   Comment peut-on expliquer le déclin de la lecture du journal ?

la télé, Internet

C.   Pourquoi est-ce que les jeunes lisent moins que les personnes plus âgées ? (Est-ce que c'est tout simplement qu'ils préfèrent regarder le journal télévisé ?)

Les evennements sont moins important que d'autre chose.

D.   A votre avis, pourquoi les hommes en France lisent le journal plus souvent que les femmes ?

Il est un partie de la culture.

II.   Mais ne soyez pas découragé(e)! Plus de 80% des Français lisent régulièrement un **MAGAZINE** ou une revue. Parmi eux...

...58%	feuillettent les magazines de télévision	...12%	dépendent des magazines de fin de semaine
...28%	dévorent les magazines féminins	...7%	lisent les revues culturelles
...23%	consultent les magazines d'information	...7%	comptent sur les magazines économiques
...13%	parcourent les revues de loisirs		

---

[*] Stastiques de *Les Pratiques culturelles des Français*, Ministère de la Culture et de la Communication, 1998.

E. A votre avis, pourquoi y a-t-il une grande différence entre la lecture de journaux et de magazines ? (Pensez au type d'information, à l'âge du lecteur, à l'usage de la publication, à la concurrence (*competition*) d'autres moyens d'information.)

III. Et qui lit des LIVRES ? Eh bien, plus on est âgé, *moins* on lit de livres! Mais ce n'est pas là la différence.

30% des hommes disent ne pas avoir lu de livres pendant l'année.
24% des femmes disent ne pas avoir lu de livres pendant l'année.

Pour les hommes qui lisent des livres, ils en lisent 19 en moyen (*on average*) pendant l'année.
Pour les femmes, elles en lisent 22.

14% des hommes disent aimer lire des romans.
28% des femmes disent aimer lire des romans.

Et ce sont *elles* qui aiment le plus les romans policiers (*detective novels*).
Les hommes, par contre, préfèrent les livres d'histoire, les bandes dessinées (*comic books*) et les livres
    scientifiques et techniques.

F. Bien sûr, certains chiffres (*numbers*) ci-dessus renforcent les stéréotypes hommes / femmes. D'autres peuvent être surprenants. Expliquez.

G. Réfléchissez maintenant à toutes les statistiques que vous venez de lire concernant la lecture de journaux, de magazines, de revues et de livres.

1. En général, croyez-vous que les Français lisent PLUS ou MOINS que les Américains ? Expliquez.

2. A votre avis, est-ce que la tendance des Français à lire de moins en moins va continuer ? Pourquoi ?

IV. C'est une question de temps libre ? Enfin, si les Français avaient plus de temps, ils aimeraient...

...se reposer	12% (hommes 11%, femmes 13%)
...suivre des cours	9% (hommes 8%, femmes 10%)
...faire des activités physiques	22% (hommes 27%, femmes 17%)
...faire des activités artistiques	13% (hommes 9%, femmes 16%)
...s'occuper des enfants	12% (hommes 11%, femmes 12%)

H.   Que pensez-vous de ces chiffres, surtout de la différence entre les hommes et les femmes ?

I.   Feriez-vous la même chose si vous aviez plus de temps libre ?

J.   Réfléchissez encore à toutes les statistiques de cette unité. Croyez-vous que le Français / la Française typique soit très différent(e) de vous en ce qui concerne ses habitudes et ses choix de lecture ?

Exploration...   Un tout nouveau genre de littérature commence à prendre ses racines. C'est le *Cyberfiction*, c'est-à-dire, les *aventures arborescentes*, ou les *romans hypertextes* et *interactifs* sur Internet.

Qu'est-ce que le ROMAN INTERACTIF ? Une nouvelle approche de l'exploration des univers en interactivité via Internet, le roman interactif propose *deux* possibilités de lecture interactive.

Le ROMAN à LIRE ne présente certainement pas de lecture page par page comme un roman que vous tenez entre les mains. L'aventure d'un roman interactif commence par quelques paragraphes truffés* de mots clés qui amèneront le lecteur vers des suites originales, aussi inattendues les unes que les autres. En cliquant sur un de ces mots clés, le lecteur tombe sur de nouveaux paragraphes, sur une photo d'un personnage ou un dessin. Parce que cette aventure *arborescente** permet au lecteur de choisir son chemin, on n'est jamais assuré du même dénouement.

Le ROMAN à CREER, à première vue, ressemble beaucoup au roman à lire; mais en fait, au niveau de la création, l'intrigue est encore plus indéterminée puisque c'est vous, le lecteur, qui créez ce roman. Comment ? Reprenons l'image de l'arbre (ci-dessus). A partir de quelques paragraphes fournis par le créateur initial, un lecteur apporte une direction personnelle en créant une nouvelle branche. Les lecteurs suivants peuvent choisir de continuer cette branche, ou bien, s'ils n'y trouvent pas d'inspiration, eux aussi, ils peuvent proposer d'autres branches à suivre. D'ailleurs, un lecteur qui veut illustrer le texte pourra créer des images de personnages ou de lieux décrits dans le roman. En somme, un lecteur/créateur en inspire un deuxième. Et ainsi de suite jusqu'à l'infini! C'est de la création interactive en continuelle évolution.

---

like a turkey stuffed with truffles, i.e. full!

en forme d'arbre

24 **LA CULTURE EN PRATIQUES**

A. Comparez le roman interactif avec le roman traditionnel. Quelles sont les différences et les ressemblances ?

différences	ressemblances

B. Selon les statistiques concernant la lecture des Français, (dans la partie *Découverte*) seulement 14% des hommes et 28% des femmes lisent de romans. Si on comptait le nombre de lecteurs de romans interactifs, est-ce que ces pourcentages augmenteraient considérablement ?   Oui / non, et pourquoi ?

C. Bien sûr, lire un *roman à lire* interactif peut être aussi culturel que lire un roman traditionnel. Cependant, on pourrait dire que *le roman à créer* risque de se faire vider de culture ou de créer une *nouvelle* culture. Pourquoi ? Comment est-ce que ce genre peut à la fois effacer et retracer les frontières culturelles ?

Ouverture...

A. ACTIVITE INTERNET: Avec un moteur de recherche français (par exemple, www.yahoo.fr), cherchez un roman interactif (mots clés: roman interactif, lecture interactive, cyberfiction). Vous trouverez éventuellement un grand choix. Quel est le titre de ce roman ? Décrivez la page d'accueil (*welcome page*), surtout les couleurs, le style, les images, etc. Est-ce que c'est un roman a *lire* ou un roman à *créer* ? Résumez brièvement les premiers paragraphes (le début). Est-ce que ce roman vous intéresse ? (Si oui, n'hésitez surtout pas à continuer à lire ! !)

B. ACTIVITE de GROUPE (à faire pendant une semaine ou deux): Votre classe peut créer un conte interactif! Le professeur commence en écrivant un paragraphe qui finit de façon intéressante mais ambiguë. Ensuite, tout le monde écrit UN paragraphe qui fait suite. La classe (ou le prof.) choisit les DEUX ou TROIS paragraphes les plus intéressants et tout le monde écrit encore un nouveau paragraphe. Afin d'encourager l'originalité, les étudiants dont la classe a choisit les paragraphes n'écrivent plus. C'est au reste de la classe de finir le conte.

C. A VOUS: (Cet exercice peut se faire par Internet). Comparez le point de vue des actualités. Choisissez un article sur la une (*on the front page*) d'un grand journal américain. Ensuite, trouvez un article qui traite du même sujet dans un journal francophone. Comparez les deux articles.

D. ACTIVITÉ INTERNET: Avec un moteur de recherche, trouvez des magazines qui correspondent aux genres mentionnés dans cette unité. (mots clés: actualités, médias, magazines). Ensuite, choisissez *un* magazine qui vous intéresse personnellement. Donnez le titre du magazine. Décrivez brièvement le site (couleurs, images, style). Résumez brièvement un article du magazine.

Réponses, *Approche...* G, p. 20: 1) 25%, 2) 18%, 3) 31%, 4) 16%, 5) 33%, 6) 18%, 7) 30%, 8) 49%

Le pays est partout où l'on se trouve bien,
La terre est aux mortels une maison commune.
-- Bradamante, pièce tragique de
Robert GARNIER (1534-1590)

Approche...   Dans le milieu politique français, il existe plusieurs groupes d'écologistes (*les VERTS, Solidarité écologie, Génération écologie......*) qui essaient de sauver la nature et d'améliorer notre mode de vie en général. L'adjectif "Vert" fait référence à l'écologie, au recyclage, aux produits naturels, etc. Discutons de la vie des Verts et de la Vie en Vert.

A. Etudiez la liste (en bas) de termes et de concepts importants pour parler de l'écologie. Indiquez à quelle catégorie (1-4) les expressions appartiennent. Vous pouvez mettre la même expression dans plusieurs catégories.

1. **les PRODUITS RECYCLABLES**: ce que l'individu de doit pas jeter à la poubelle

2. **les ZONES à PROTEGER**: ce que l'individu risque de détruire

3. **les MENACES**: ce que l'individu peut faire de mal à son environnement

4. **les SOLUTIONS**: ce que l'individu peut faire de bien à son environnement

4 1 _____recycler; le recyclage

2 _____le verre

2 _____un écosystème

1 _____les boîtes de soda

3 _____les déchets (*waste*) industriels

1 _____le carton

3 _____la déforestation

4 _____l'épuration de l'eau

3 _____les chlorofluorocarbones (C.F.C.)

2 _____la forêt humide tropicale

1 _____le plastique

4 _____le développement durable (*sustainable development*)

2 _____les eaux: les lacs, les océans, les rivières, les fleuves, les étangs...

3 _____le gaspillage (*waste*)

3 _____les déchets (*waste*) ménagers (*household*)

3 _____la pluie acide

1 _____les journaux

4 _____les études scientifiques

3 _____le traitement de l'eau

1 _____les énergies renouvelables

_____les espèces menacées

2 _____la couche d'ozone

4 _____un produit biodégradable

3 _____la pollution, les pollueurs

B. Participez-vous au recyclage ? Et vos amis ? Et vos parents ? Pourquoi ?

Oui,   il est simple à maison.

Sauver l'environnement

C. Est-ce que le recyclage suffit pour éviter la pollution ? Expliquez.

No

D. Imaginez que vous êtes un(e) écologiste fervent(e). Dans le tableau qui suit, identifiez au moins trois activités **PRO-écologiques** et trois activités **ANTI-écologiques**. Comparez ensuite vos réponses avec celles de vos camarades de classe. Notez les exemples. Suivez les modèles.

PRO-écologique	ANTI-écologique
éteindre toujours la lumière quand on quitte la maison	*laisser couler l'eau quand on se brosse les dents utiliser de produits qui contiennent des C.F.C.*
marcher plus souvent prendre le bus	couper la forêt Amazonienne pour la b Nous croyons que

E. D'après vos connaissances, qu'est-ce qui menace le plus notre système écologique ? Expliquez.

F. Soyez honnête: *TOUJOURS, SOUVENT,* ou *DE TEMPS EN TEMPS*... qu'est-ce que vous faites qu'il ne faut pas faire ? Comment pourriez-vous modifier vos habitudes pour le bien de l'environnement ?

Découverte...   Voici quatre slogans avancés par une candidate écologiste française lors des dernières élections présidentielles. Lisez-les et <u>soulignez</u> les mots ou expressions associés aux écologistes.

1	2
Une vie sans <u>pollution</u>, ça change tout! Pour <u>protéger l'eau, l'air, la forêt,</u> c'est-à-dire la nature et les générations futures, favorisons le <u>recyclable</u> et donnons <u>la priorité aux transports collectifs</u>, aux piétons et aux cyclistes.	*Les énergies nouvelles, ça change tout! La France est un des derniers pays à croire au <u>nucléaire pour produire son électricité</u>. Résultat: tous les ans, elle produit des tonnes de <u>déchets radioactifs</u> qui resteront dangereux pendant des milliers d'années! On peut y trouver une solution en développant les énergies nouvelles: <u>bois, vent, soleil</u> . . . et en favorisant <u>les économies d'énergie sur le plan national</u>.*
3	**4**
Le droit à l'éducation et à la formation, ça change tout! Donner aux hommes et aux femmes des opportunités égales dans leur formation académique et professionnelle.	*35 heures de travail par semaine, ça change tout! Travailler moins pour travailler tous (en protégeant le niveau de vie). Travailler autrement pour vivre mieux (en reconsidérant la place du travail et des loisirs dans votre vie).*[*]

Questions sur les slogans...

A.   Quel est le thème central de chaque slogan ?

    1. *les transports collectifs*

    2. *energie nouvelle*

    3. *l'égalité hommes et femmes*

    4. *les travailles*

B.   Dans ces quatre slogans, y a-t-il des concepts qui ne vous semblent pas typiquement écologistes ? Lesquels ?

    3, 4

C.   Selon vous, pourquoi la candidate écologiste aborde-t-elle aussi certaines questions sociales ? Voyez-vous un lien entre son souci pour la nature et le bien-être social ? Expliquez.

    Oui

---

[*] Ce slogan a été, en effet, assez bien reçu chez certains Français. Maintenant en France, les fonctionnaires (ceux qui travaillent pour l'état) ont une semaine de 35 heures. Cependant, d'autres organisations s'opposent à cette idée.

D. Choisissez le slogan (1-4) que vous considérez le plus important. Dites pourquoi.

1 Il est en topique

E. **VOTRE slogan:** Imaginez que vous êtes candidat(e) écologiste. Ecrivez votre propre slogan afin de représenter vos idées sur développement d'un système de gouvernement plus écologiste.

Si je suis President, je vais donner l'environnement tous les oppurtunité qui sont possible.

Exploration...   Explorons en plus de profondeur une des cibles (*targets*) des écologistes:

A. **L'ECOLOGIE ET LA TAUROMACHIE**: La tauromachie est une activité très populaire dans le sud de la France. L'élevage des taureaux et le combat dans l'arène font partie des coutumes et des festivités importantes et représentent une très longue tradition.

1.   Avec vos camarades de classe, discutez de la *symbolique* de la tauromachie. Faites un effort pour bien distinguer vos opinions personnelles des opinions traditionnelles sur ce sport.

2. Géographiquement, pourquoi, selon vous, est-ce une activité particulière du sud de la France ?

Non il est près d'espagne

B. Lettre de Dominique VOYNET: Lors des élections électorales françaises de 1995, un magazine a interrogé les neuf candidats politiques au sujet de la tauromachie. Voici la réponse de Dominique VOYNET, candidate des Verts. Avant de lire la lettre, répondez aux deux questions suivantes:

1. Est-ce la tauromachie uniquement une question d'écologie ? Expliquer.

    Non, écologie est avec les arbres

2. D'après ce que vous avez appris dans cette unité, pouvez-vous anticiper ce que cette écologiste va dire ? Sera-t-elle POUR ou CONTRE la tauromachie ? Pourquoi ?

    Contre, il n'est pas naturel

Paris, le 30 mars 1995

Monsieur,

Je reçois nombre de questionnaires de tous horizons. Il arrive parfois que je sois confrontée à des groupes qui défendent des idées qui ne sont pas les miennes. Je ne suis pas de ces candidats qui, pour avoir le plus de voix possible, caressent tout le monde dans le "sens du poil". Je veux garder ma liberté de dire ce que je pense.

Vous êtes de ceux que je ne satisferai peut-être pas.

En effet, j'ai déjà eu l'occasion de m'exprimer contre la corrida (*bullfight*). Je suis par principe hostile à tout jeu qui est basé sur la souffrance et la mort d'un animal, fût-il fortement lié à une tradition locale.

J'admets néanmoins que les fêtes qui ont lieu autour des corridas ont un intérêt certain et je ne suis pas sûre que le spectacle autour du taureau et la fête soient inséparables.

Je ne mets pas dans mon programme l'interdiction immédiate de la corrida en France, ce serait stupide. Pour autant je ne tiens évidemment pas à favoriser par quelque mesure que ce soit cette pratique, au contraire.

Peut-être vous heurterai-je, mais j'ai tenu à vous répondre avec la plus grande clarté et la plus grande sincérité.

Recevez, Monsieur, mes plus cordiales salutations.

Dominique VOYNET

Questions sur la lettre de Dominique VOYNET...

A. Dominique VOYNET déclare qu'elle ne caresse pas tout le monde dans le "sens du poil", ce qui veut dire, littéralement, qu'elle ne fait pas une habitude de brosser les cheveux des autres dans la bonne direction. Examinez le contexte de cette phrase. Qu'est-ce qu'elle veut dire ? Choisissez la réponse la plus logique:

    1. *Elle fait de faux compliments pour mieux assurer son élection.*

    2. *Elle brosse les gens comme on brosse les taureaux.*

    3. *Elle refuse de mentir et préfère dire la vérité.*

B. Est-ce qu'elle défend la tauromachie ? Oui / Non. Pourquoi ?

    Pour l'instant, oui.

C. Mme VOYNET anticipe déjà l'argument des tauromachistes. C'est quoi ?

    Oui

D. Qu'est-ce qu'elle va faire si elle est élue ?

    1. *Interdire la corrida (combat de taureaux).*

    2. *Assister aux corridas.*

    3. *Ni l'un ni l'autre.*

E. Bien sûr, Mme. VOYNET a peur de perdre des voix en s'exprimant sur la tauromachie. Croyez-vous qu'elle fasse des concessions électorales à ses convictions ?

    Oui

F. On dit, parfois, que pour arriver au pouvoir, il faut souvent se taire. Etes-vous d'accord ?

    Bien sûr

G. Et vous ? Quelle est votre opinion sur la tauromachie ?

    Barbare

H. Citez d'autres exemples d'une confrontation entre une tradition culturelle et une politique ou une philosophie d'un certain groupe de gens.

Ouverture...

A. A VOUS: Y a-t-il des Verts ou des Vertes dans votre pays ? Qui sont-ils ? Les Verts et Vertes sont-ils un parti politique, un mouvement d'opinion, une conscience ? Expliquez.

B. ACTIVITE de GROUPE: Un groupe d'écologistes de votre région veut faire de la politique. Il vous demande de concevoir une affiche (image, couleurs, textes, slogan) pour les prochaines élections. Présentez cette affiche avec un slogan à la classe.

C. A DEUX: Imaginez comment pourrait être une société à 100% Verte ? Décrivez la journée d'un habitant, d'une habitante de cette société.

D. ACTIVITE INTERNET: Sur Internet, on trouve des sites consacrés aux partis politiques du monde entier. Recherchez d'abord l'expression "partis politiques" pour trouver une liste des partis en France, au Canada ou dans le monde francophone. Ensuite, choisissez et recherchez un parti écologiste.

    Comment s'appelle ce parti ? D'où vient-il ? Qui sont les chefs. Citez quelques slogans et des phrases importantes. Expliquez leur plate-forme et leurs objectifs. Quelle est votre opinion de leur programme ?

Documentation Supplémentaire

La Corrida: une chanson de Francis Cabrel

1   Depuis le temps que je patiente
Dans cette chambre noire
J'entends qu'on s'amuse et qu'on chante
Au bout du couloir ;
5   Quelqu'un a touché le verrou
Et j'ai plongé vers le grand jour
J'ai vu les fanfares, les barrières
Et les gens autour

Dans les premiers moments j'ai cru
10   Qu'il fallait seulement se défendre
Mais cette place est sans issue (*exit*)
Je commence à comprendre
Ils ont refermé derrière moi
Ils ont eu peur que je recule (*back up*)
15   Je vais bien finir par l'avoir
Cette danseuse ridicule...

Est-ce que ce monde est sérieux ?

Andalousie je me souviens
Les prairies bordées de cactus
20   Je ne vais pas trembler devant
Ce pantin (*marionnette*), ce minus (*idiot*) !
Je vais l'attraper, lui et son chapeau
Les faire tourner comme un soleil
Ce soir la femme du torero
25   Dormira sur les deux oreilles (*will sleep well*)

Est-ce que ce monde est sérieux ?

J'en ai poursuivi des fantômes
Presque touché leurs ballerines
Ils ont frappé fort dans mon cou
30   Pour que je m'incline
Ils sortent d'où ces acrobates
Avec leurs costumes de papier ?
J'ai jamais appris à me battre
Contre ces poupées (*dolls*)

35   Sentir le sable sous ma tête
C'est fou comme ça peut faire du bien
J'ai prié pour que tout s'arrête
Andalousie je me souviens
Je les entends rire comme je râle (*scream with pain*)
40   Je les vois danser comme je succombe
Je ne pensais pas qu'on puisse autant
S'amuser autour d'une tombe

Est-ce que ce monde est sérieux ?
Est-ce que ce monde est sérieux ?

(en espagnol)
45   Si, si hombre, hombre   *(yes, yes man, man)*
Baila baila   *(dance, dance)*
Hay que bailar de nuevo   *(we must dance again)*
Y mataremos otros   *(and we'll kill others)*
Otras vidas, otros toros   *(other lives, other bulls)*
50   Y mataremos otros   *(and we'll kill others)*
Venga, venga   *(come, come)*
Venga, venga a bailar...   *(come, come dance...)*

Questions:

1.   La narration de la chanson est à la première personne. Identifiez le point de vue. Qui parle ? Justifiez votre réponse. Quel est l'effet ?

2.   Qui sont les adversaires dans cette chanson ?

3.   Expliquez le vers "leurs costumes de papier". Trouvez d'autres descriptions de l'ennemi du narrateur.

4.   Imaginez les sentiments du narrateur. Trouvez une expression pour décrire ses émotions dans chaque strophe (sauf la dernière).

5.   Expliquez les références à l'Andalousie. Qu'est-ce que cet endroit semble représenter pour le narrateur ?

6.   Qu'est-ce qui se passe dans la cinquième strophe ?

*De toutes les passions
la peur est celle qui
affaiblit le plus le jugement.*
-- Jean-François Paul de Gondi,
Cardinal de RETZ (1613-1679)

L'IMMIGRATION ET LES FRANÇAIS

Approche... Qu'est-ce qu'un Français ? ...un *vrai* Français ? (Attention! Ce mot "vrai" est très problématique!) Plusieurs personnes ont leur définition... d'autres refusent d'en créer une... et vous ? Et
si on commençait avec le *visage* d'un Français ou d'une Française ?

A. **Imaginez**... Vous êtes un Français ou une Française. Veuillez remplir le document suivant:

```
                         FICHE D'IDENTITE
 NOM DE FAMILLE:_____ PRENOMS:_____

 DATE DE NAISSANCE: ____/____/____ LIEU:_____

 ADRESSE: _____

          _____

 PROFESSION:_____

 SITUATION DE FAMILLE  (COCHEZ LA CATEGORIE NECESSAIRE)
 ____CELIBATAIRE  ____MARIE(E)  ____DIVORCE(E)  ____VEUF/VEUVE

 DERNIER DIPLOME OBTENU:
 ____BACCALAUREAT  ____LICENCE  ____DOCTORAT  ____DEUG*  ____MAITRISE

 ETUDES EN COURS:_____
```

B. En tant que Français(e), comment êtes-vous physiquement ? Comment vous habillez-vous ? Qu'est-ce que vous
aimez faire ? Comparez votre portrait avec celui de vos camarades de classe. Notez les différences et les traits
communs à ces personnages.

---

* Diplôme d'Etudes Universitaires Générales (d'habitude, 2 ans après le baccalauréat)

C. Continuez d'imaginer... Vous êtes toujours votre personnage français. Vous rencontrez un groupe de gens et vous pensez tout de suite: *"Ah, ce sont des Américains!"* Qu'est-ce qui vous fait penser cela ? (Donnez deux raisons.)

Découverte...

POURCENTAGE D'ETRANGERS EN FRANCE

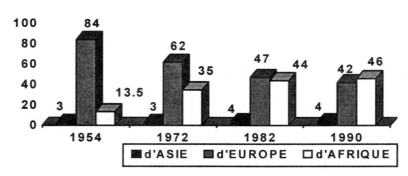

(Source INSEE)

A. Complétez les phrases suivantes selon le tableau. Suivez le modèle:

> *En 1954, 3 pour-cent des étrangers en France sont venus d'Asie   .*
> *Ce sont, par exemple, des Chinois , des   Japonais   , ou des   Coréens   .*

1. En 1972, _____ pour-cent des étrangers sont venus d'Afrique.

    Ce sont, par exemple, des _____, des_____, ou des_____.

2. En _____,_46 pour-cent des étrangers sont venus d'_____.

    Ce sont, par exemple, des Tunisiens, des_____, ou des_____.

3. En 1982, _____ pour-cent des étrangers sont venus d'Europe.

    Ce sont, par exemple; des _____, des _____, ou des _____.

4. En _____, 4 pour-cent des _____ sont venus d'_____.

    Ce sont, par exemple, des Thaïlandais, des Tibétains, ou des _____.

B. En général, comment la communauté étrangère en France a-t-elle changé depuis 1954 ?

C. **Questions démographiques:**

(sources: INSEE - RGP)

NOMBRE MOYEN D'ENFANTS PAR FEMME EN FRANCE
suivant la nationalité de la femme:

Nationalité	1968	1975	1982
Italienne	3,32	2,12	1,74
Espagnole	3,20	2,60	1,77
Portugaise	4,90	3,30	2,17
Algérienne	8,92	5,28	4,29
Marocaine	3,32	4,68	5,23
Tunisienne	--	5,27	5,20
Turque	--	--	5,05
Ensemble des étrangers	4,01	3,33	3,20
Ensemble des Françaises	2,50	1,84	1,84
Ensemble de la population féminine	2,57	1,93	1,91

POURCENTAGE DE MOINS DE 20 ANS par rapport à chaque nationalité en France:

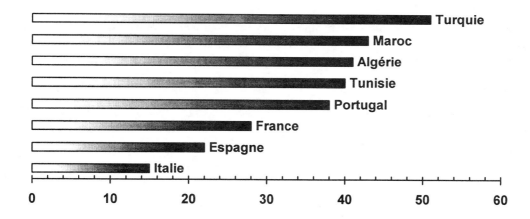

Question: Examinez les 2 tableaux ci-dessus. Quels changements remarquez-vous en ce qui concerne la démographie des jeunes en France ? Soyez aussi précis que possible.

D. **Le problème du chômage**:

TAUX DE CHOMAGE (*unemployment rate*) **PAR NATIONALITE en 1993**
par rapport à chaque nationalité en France (Source: RGP):

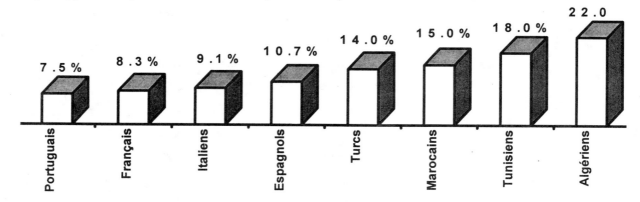

Par exemple: 10.7% des Espagnols vivant en France étaient au chômage en 1993.

1. En regardant les nationalités et le nombre d'étrangers, quelles années marquent une forte évolution ? Justifiez votre réponse.

2. Comparez les taux de chômage et les autres statistiques ci-dessus. Pourquoi, à votre avis, les Algériens ont-ils le plus grand taux de chômage ? Analysez les réponses suivantes. Selon les statistiques et/ou selon vos propres connaissances, sont-elles justifiées ? Comparez vos réponses avec vos camarades de classe.

Ils ne veulent pas travailler.

Beaucoup d'Algériens sont venus en France pour profiter d'un meilleur système de sécurité sociale.

Ils ne peuvent pas trouver un emploi.

Ils ne sont pas qualifiés.

1 Algérien sur 5 ne travaille pas. C'est normal.

Ils sont trop jeunes.

Il y a beaucoup de jeunes Algériens. En 1968, c'était normal pour une femme algérienne d'avoir plus de 8 enfants.

Les femmes algériennes ne doivent pas travailler.

Dans les années 90, il y a une augmentation des immigrés venant d'Afrique. La concurrence est donc plus difficile.

3. Le taux de chômage de tous les citoyens en France est passé de 9.2% en 1990 à plus de 12% en 1995. Aux Etats-Unis, le taux de chômage est resté à 6.5-7% pendant cette même période. A votre avis, quels facteurs (économiques, sociaux, politiques) contribuent-ils à cette différence ?

Exploration...

A. **Les mots et l'histoire**: Voici un extrait adapté de *Le creuset français*. L'auteur, G. Noirel, cite d'autres auteurs et historiens au sujet de *l'immigré*, c'est-à-dire, celui qui immigre:

En paraphrasant Jean-Paul Sartre (1954), on pourrait dire que *l'immigré* est d'abord un homme que les autres tiennent pour *immigré*. "Quand on dit *immigré*, constate amèrement Bachir, on pense à quelqu'un de perdu, sans honneur, qui n'a plus rien" On oublie trop souvent en effet que *l'identité* des immigrés passe d'abord par un enregistrement juridique, des papiers d'identité et des lois; bref par la Carte et le Code. Les notions *d'immigration* ou *d'immigré* s'inscrivent complètement dans l'opposition juridique entre *national* et *étranger*. J'en demande pardon à tous ces historiens qui ont si bien célébré les vertus de *l'enracinement* dans le terroir. C'est le sort de l'étranger d'être, par définition, *sans racines*, car du point de vue du nouveau groupe, il est un homme sans histoire.

1. Relisez la citation de Bachir. Comment voit-il *l'immigré ?* Quels sont ses caractéristiques ? Etes-vous d'accord ?

2. D'après vous, quelles différences y a-t-il entre *immigré* et *étranger ?* Qu'est-ce que ces 2 mots ont en commun ?

3. D'après le texte, comment se construit *l'identité* de l'immigré ? Quel genre d'identité est-ce ?

4. Les grands historiens français célèbrent "les vertus de l'enracinement dans le terroir." Comment comprenez-vous cette phrase ?

5. Relisez la dernière phrase. Comment *l'étranger*, tel que le texte en parle, peut-il être un problème pour ces historiens de la France ?

6. Le titre de ce texte, *Le creuset français*, peut être problématique. Qu'est-ce qu'un *creuset* ? Est-ce qu'on parle du *creuset américain* ? Si oui, dans quel sens ?

B.   **Des questions controversées**: Examinez les déclarations suivantes. Ensuite, répondez aux questions.

1.   **L'immigration / l'invasion.** Voici un extrait de *Figaro-Magazine*:

```
"Le type de problème auquel nous aurons à faire face se dé-
place de celui de l'immigration vers celui de l'invasion",
déclarait en 1991, Valéry Giscard D'Estaing, ancien prési-
dent de la République (1974-1981).
```

Question: Comment comprendre ici le mot *invasion* ? Quels rapports a-t-il avec *immigration* ?

C.   **Priorité aux droits, priorités à droite ?** Voici un extrait de *Propositions concrètes pour les Français*, préparé en 1993 par le Front National, parti d'extrême droite:

```
...Il faut maintenir un Revenu minimum... mais pour les
seuls Français.... Il faut le supprimer pour les étrangers
du tiers monde qui trouvent là une raison supplémentaire
pour s'installer chez nous... [Il faut] augmenter les bas
salaires: chez nous, [ils] sont tirés vers le bas par une
forte présence immigrée... [Il faut] revaloriser les alloca-
tions familiales aux familles françaises.  Ces allocations
[sont] destinées à encourager la natalité française... Ren-
dre les Français prioritaires pour l'emploi.  En période de
très fort chômage... c'est un impératif de
fraternité.
```

Question: Comment ces déclarations présentent-elles l'étranger/l'immigré (mots, rôles, images) ?

Question: Examinez l'emploi du nom et de l'adjectif *français* (*française*). Que signifient ces mots ici ?

Ouverture...

A. ACTIVITÉ de GROUPE: *UN DEBAT*.   Dans les années 1880, au cours d'une con-
férence intitulée "Qu'est-ce qu'une nation ?" le philosophe Ernest Renan a établi cette
définition de la nation à la française:

> *"Une nation est donc une grande solidarité, constituée par le sentiment des sacrifices
> qu'on a faits et de ceux qu'on est disposé à faire encore. Elle suppose un passé; elle se
> résume pourtant dans le présent... par le désir clairement exprimé de continuer la vie
> commune. L'existence d'une nation est un plébiscite de tous les jours... "*

SUJETS DE DEBAT liés à cette définition:

Une nation ne représente pas une solidarité, par contre, elle est solide grâce à sa diversité.

Une personne qui refuse de se sacrifier pour sa nation (par exemple, un manifestant contre la guerre), est-
elle anti-nationaliste ?

Les étrangers en France, devraient-ils avoir le droit de vote après 7 ans de résidence officielle ?

B. A VOUS: Donnez votre propre définition d'une *nation*.   Puis discutez la place de l'immigré dans
cette définition.

C. ACTIVITÉ de GROUPE: On pourrait dire que l'immigration fait apparaître plusieurs *visages* d'un pays.
D'abord, en groupes, faites une liste des questions et/ou des points de vue qui sont directement associés à la présence des immigrés en France (le chômage, la sécurité sociale, etc.). Ensuite, chaque membre du groupe réfléchira à cette question ou à ce
point de vue en ce qui concerne l'immigration en France.

option: Faites le même travail pour les Etats-Unis.

D.   A VOUS: Voici une liste de solutions aux problèmes du chômage. Lesquelles vous semblent les plus raisonnables ? Lesquelles ne vous semblent pas très judicieuses ? Pourquoi ? Donnez un exemple des solutions que vous discutez.

1.   partager le travail

2.   créer des emplois

3.   relancer la consommation

4.   aider les entreprises

5.   diminuer les salaires

6.   développer et adapter la formation

7.   limiter le travail des femmes

8.   être moins exigeant *(demanding)* en matière d'emploi

9.   lutter contre le travail au noir *(under the table)*

10. mettre des hommes à la place des machines

11. réserver les emplois aux Français

12. encourager le nationalisme économique

13. réduire les allocations de chômage

14. augmenter les allocations de chômage

15. réduire le taux d'immigration

*J'ai assez vécu pour voir que
la différence engendre la haine.*
--Stendhal (1783-1842), Le Rouge et le Noir

L'avenir, c'est nous...
--Mathieu KASSOVITZ, La Haine (1995)

Approche...   Examinons le rôle du cinéma français face au géant hollywoodien. Découvrons le film d'un jeune réalisateur, La Haine, qui illustre certains problèmes de société, en particulier, les conditions de vie dans les banlieues parisiennes. En 1995, ce film a ouvert les portes du cinéma français à de nouvelles possibilités d'expression artistique et sociale.

A. **Les origines du cinéma:**

> C'est à la Ciotat, petite ville du sud de la France, où s'est réalisé un des premiers films à la fin des années 1890. C'est en partie pour cela que le cinéma a une place si importante dans la culture française; il y est considéré comme le septième art[1], et "l'artisan" (le réalisateur) a acquis un statut équivalent à celui de l'écrivain, symbole de la culture française d'après-guerre.

1. Quand et où a été réalisé le premier film ?

2. Résumez l'attitude française envers le cinéma en utilisant quelques mots ou expressions du texte ci-dessus ?

3. D'après vous, quels mots ou expressions résument l'approche hollywoodienne ?

4. Lorsque vous allez au cinéma, comment choisissez-vous un film ? En fonction...

   ____des acteurs   ____du réalisateur   ____du thème/du sujet
   ____de la salle de cinéma ____d'un autre critère.

   Expliquez votre (vos) choix:

---

[1] théâtre, poésie, peinture, sculpture, littérature, musique, et cinéma

B.   Le cinéma français par rapport au cinéma américain: Vous avez certainement vu des films français. Quelles sont les différences générales que vous avez pu notées avec les films américains ?

1. Complétez les phrases suivantes. A noter: l'expression "le cinéma français" désigne non seulement le film mais aussi toute l'industrie du cinéma français.

a.   Le cinéma français_____ plus que le cinéma américain.
                                               (verbe)

b.   Le cinéma américain_____ plus que le cinéma français.
                                               (verbe)

c.   Les films français sont moins _____ que les films américains.
                                               (adjectif)

d.   Les films américains sont moins _____ que les films français.
                                               (adjectif)

2. Un grand nombre de films français a été adapté pour le public américain. C'est-à-dire que les studios américains ont refait plusieurs films français. Observez cette liste de films originaux. Trouvez le remake américain.

FILM ORIGINAL FRANÇAIS	REMAKE AMERICAIN
La Cage aux Folles	Breathless
A Bout de Souffle	Summersby
Boudu Sauvé des Eaux	Three Men and a Baby
Le Retour de Martin Guerre	Down and Out in Beverly Hills
Trois Hommes et un couffin	La Femme Nikita
Les Compères	Father's Day
Nikita	Birdcage

3. A votre avis, pourquoi le cinéma américain adapte-t-il les scénarios français ?

4. Quels films français avez-vous vus récemment ? Si vous n'avez pas vu de films français, pourquoi ?

5. Quel est votre film français préféré ? Pourquoi ?

Découverte...   Concentrons-nous maintenant sur le film **La Haine**, sorti en France en 1995, qui a déchaîné les passions… Lisez attentivement le résumé et la fiche technique du film:

LA BANLIEUE SOUS LES FEUX DE "LA HAINE"

7 décembre 1986. A Paris, au cours d'une manifestation* étudiante qui a attiré presque un million de jeunes gens, un jeune beur*, Malik, est sévèrement "bousculé*" par les C.R.S.* Il meurt quelques heures après. Neuf ans plus tard, s'inspirant de cet événement, Mathieu KASSOVITZ réalise LA HAINE qui raconte 24 heures de la vie d'une cité* après une bavure* policière. Les personnages principaux reflètent le mélange ethnique des banlieues puisqu'il s'agit d'un Juif, d'un Black et d'un Arabe. Le film traite également du problème des minorités face aux institutions de l'état représentées par la police.

Réalisateur:	**Mathieu KASSOVITZ**
Acteurs:	**Vincent CASSEL**
	Hubert KOUNDE
	Saïd TAGHMAOUI
Lieu de l'action:	**une banlieue à 20 kilomètres de Paris**
Récompenses:	**Prix de la Mise en Scène à Cannes, 1995**
	César* Meilleur Film, 1996

demonstration

Arab

roughed up, Compagnie Républicaine de Sécurité *(the riot squad)*

housing project, misconduct

le cousin français de l'américain "Oscar"

---

1.   Notez les récompenses obtenues par le film.   Que représente Cannes pour l'industrie mondiale du cinéma ?

Cannes est un centre du cinéma   *l'excellence en cinéma*

2.   Selon ce résumé du film, et d'après les films français que vous avez déjà vus, est-ce que <u>La Haine</u> reflète l'image du cinéma français traditionnel ?   Justifiez votre analyse.   Vous pouvez vous aider du résumé et de la fiche technique du film ci-dessus.

3.   Imaginez la mise en scène du film que vous allez voir.   Répondez d'abord *brièvement* aux questions suivantes:

1.   Où va se passer la majorité des scènes dans le film ?   *à l'extérieur*

2.   Quels problèmes seront présentés ?   *le racisme*

3.   Quel genre de musique allez-vous entendre ?   *le rap, metal*

4.   Quel est le rapport entre les trois personnages principaux ?

5.   Décrivez leur rapport avec la police.   *il ne sont pas d'amis*

6.   Le message du film… sera-t-il optimiste ? pessimiste ? les deux ?   *pessimiste*

/

Exploration...   __LA HAINE__

A.   Questions sur le film...

> **AVANT** de voir le film, lisez les questions ci-dessous qui suivront l'ordre chronologique de l'œuvre, c'est-à-dire, 24 heures de la vie d'une cité.

> **PENDANT** le film, répondez aux questions en prenant des notes. Ne vous préoccupez pas ni de vos fautes d'orthographe ni de faire des phrases complètes.

> **APRES** avoir vu le film, révisez vos réponses et préparez-les pour la discussion en classe.

HEURE	QUESTIONS	VOS NOTES
	Qu'est-ce qui est arrivé à Abdel durant les émeutes ?	
10:38	Qu'est-ce qui est arrivé à la salle de boxe d'Hubert ?	Vinz, Saïd
	Qu'est-ce qu'un policier a perdu ?	un revolver
	Que veulent les journalistes en voiture ?	un interview,
12:43	Que peut-on lire sur le mur ?	
14:12	Où Vinz a-t-il trouvé son revolver ?	dans the rot
	Où vont-ils rendre visite à leur ami, Abdel ?	l'hôpital
15:47	Le policier qui discute avec Vinz, Hubert et Saïd, peut-il encore contrôler et comprendre les jeunes de la cité ?	non ne plus
	Qui tire sur qui ?	le frère d'abdel tire le policier
17:04	Quel sorte de blouson porte le policier en civil (sans uniforme) ?	noir
	Les trois copains prennent le train pour aller où ?	Snoopy
18:22	Pourquoi Vinz et Hubert se disputent-ils dans les toilettes ?	Vinz veut tuer un policier
	Décrivez l'attitude des policiers.	vraiment gentille
20:17	Comment se comporte le jeune policier à l'interrogatoire ?	
22:08	Pourquoi le jeune tire-t-il sur le videur (*bouncer*) de la boîte de nuit ?	

	Où Vinz retrouve-t-il les autres ?
00:33	Où rencontrent-ils des filles ?
	Qu'est-ce qu'ils essaient de voler (*steal*) ?
2:57	Qu'est-ce qu'ils apprennent sur l'écran (ou les écrans) ?
4:27	Que veut faire Vinz ?
	Avec qui se battent-ils ?
	Où rentrent-ils ?
6:00	Qui est le policier qui sort son arme ?
	Décrivez les dernières secondes du film.

[handwritten annotations:] à la train / un musée d'art / une voiture / abdel est mort / la guerre en bosnie / tuer un policier

B. Réflexions sur le film...

1. Un film en noir et blanc...

    a. A votre avis, pourquoi KASSOVITZ a-t-il réalisé le film en noir et blanc ?

   Manque de moyens financiers ?

   Choix esthétique ?

   Pour montrer qu'il s'agit d'un sujet grave ?

   Pour faire allusion au genre documentaire ?

   Pour une autre raison_____

    b. Expliquez votre (vos) choix.

2. Comment est-ce que Mathieu KASSOVITZ nous fait ressentir l'ennui qui règne dans les banlieues ? Citez des exemples.

3. Pourquoi est-ce que le réalisateur choisit de nous montrer la scène où le jeune garçon raconte un épisode de la caméra cachée (*candid camera*) ?

4.   Quelle scène vous a le plus marqué ? Pourquoi ?

C.   Réflexions sur les problèmes de société soulevés dans le film...

1.   Racontez une scène où le racisme est présent.

2.   <u>Avant</u> d'avoir vu le film, pensiez-vous que la situation raciale en France était à ce point critique ?

3.   Pourquoi le réalisateur a-t-il choisi une chanson de Bob Marley pour le générique (*credits*) de début du film ?

4.   Quelle image de la police française est présentée dans cette œuvre ?

5.   Indiquez trois problèmes des jeunes à l'intérieur des banlieues.

       a.

       b.

       c.

6.   A quelle zone urbaine aux Etats-Unis peut-on comparer la banlieue et les cités françaises ?

7.   Comment le film a-t-il modifié votre perception de la France ?

Ouverture...

A. A VOUS: Choisissez une des citations ci-dessous et commentez dans un essai ou un paragraphe, selon les indications de votre professeur.

  1. "La haine attire la haine."

  2. "L'avenir, c'est vous." ("vous" changé à "nous" par un personnage dans le film)

  3. "…et qui nous protège de vous ?" (Hubert aux policiers)

  4. "Ce n'est pas la chute qui compte, c'est l'atterrissage."

B. A VOUS: Existe-t-il aux Etats-Unis un type de film qui ressemble à <u>La Haine</u> ? Faites une comparaison avec un film américain que vous connaissez. Relevez les ressemblances et les différences.

C. ACTIVITE de GROUPE: Vous avez l'occasion de récrire la fin, la dernière scène de <u>La Haine</u>. Voulez-vous une fin heureuse ? pessimiste ? toujours ouverte ? Est-il possible de trouver une résolution ? une issue (*a way out*) ? Vous pouvez présenter à la classe cette dernière scène, votre nouvelle scène. Commencez la vôtre au moment où la bande des trois revient de Paris à 6h00 du matin. Ils ont déjà appris la mort de leur ami, Abdel. Ils arrivent dans la cité….

D. A DEUX: Avec un partenaire, faites une comparaison entre la vie d'une cité française et celle du ghetto américain (*the inner city*). Réfléchissez aux jeunes, à la musique, à la mode vestimentaire, à la situation économique, aux problèmes de race, de famille, etc. Existe-t-il une "culture de banlieue" ou un "ghetto culture" qui dépasse les limites géographiques ?

E. A VOUS: Il existe sur Internet un grand nombre de sites consacrés au cinéma. Faites une liste de vos deux ou trois films préférés (américains ou francophones) et essayez de les trouver sur un site francophone. Vous pouvez commencer en recherchant l'expression "cinéma". Combien de sites, en français, sur le cinéma est-ce que vous pouvez trouver ?

LA QUESTION DU VOILE

*On a raison d'exclure les femmes
des affaires publiques et civiles;
rien n'est plus opposé à leur vocation naturelle
que tout ce qui leur donnerait des
rapports de rivalité avec les hommes.*
– Madame de STAËL (1766-1817)

Approche... Qu'est-ce que ce phénomène du voile ? Quelle est son origine et sa fonction à l'époque actuelle ? Comment influence-t-il la vie privée et publique des femmes dans les sociétés musulmanes ? Comment réagissent les femmes à cette exigence ? Afin de répondre à ces questions, commencez avec ce petit texte:

De l'information de base: Presque 40% des 440 millions habitants du monde francophone sont des femmes adultes. Parmi elles, presque 12% sont nées musulmanes. Depuis environ vingt ans, dans certaines sociétés gouvernées par l'Islam,[1] les femmes sont obligées d'observer la loi sur le port obligatoire du voile. Bien sûr, cette loi a provoqué beaucoup de conflits et de débats.

---

1. Comment choisissez-vous vos vêtements ? En fonction du prix, du magasin, de la mode, du confort, ou d'une autre raison (*laquelle*) ? Pourquoi ? Expliquez vos choix.

2. Comment définissez-vous "la mode" ? Est-ce que "s'habiller à la mode" est une façon de définir la personnalité, ou n'est-ce qu'un moyen de s'habiller comme les autres ?

3. Connaissez-vous une personne qui s'habille d'une manière originale ? Décrivez brièvement ce qu'elle porte.

4. Quels individus (homme/femme) sont plus disposés à suivre la mode ? Pourquoi ?

5. Au printemps 1998, dans la ville de New York, les écoles privées ont adopté un code vestimentaire avec uniforme. Que pensez-vous de l'obligation de porter l'uniforme dans certaines écoles privées et publiques ?

---

[1] Par exemple, l'Iran, l'Algérie, l'Afghanistan, l'Arabie Saoudite, etc.

6. Trouvez les différents sens du mot "voile" -- figuré et littéral -- dans un dictionnaire. Notez les exemples pertinents.

7. Réfléchissez: Porter le voile signifie que la femme musulmane doit couvrir tout son corps sauf une partie de son visage et le dessus de ses mains. Qu'en pensez-vous ?

Découverte et Exploration...
A travers les trois textes qui suivent -- **La question du voile en France, L'origine du voile**, et **Le pouvoir du voile** -- vous découvrirez les dernières controverses sur ce sujet.

A. LA QUESTION DU VOILE EN FRANCE

Bien qu'associée aux sociétés musulmanes, la question du voile est relevée aussi dans d'autres pays du monde. Par exemple, la France, pays catholique, a été la scène de débats ardents* sur ce sujet lors des quatre dernières années.

intense

Une enseignante du lycée Racine à Paris, rejointe par deux de ses collègues, refuse de dispenser* ses cours en présence d'une jeune fille portant le foulard* islamique. Elles considèrent le foulard comme un emblème religieux qui offense le principe de la laïcité et celui de la neutralité de l'éducation. D'autres pensent que le voile, comme symbole de la servitude des femmes, s'oppose à l'idée même de la République Française.

donner

scarf

Les opposants à la position de ces enseignants les accusent d'être inspirés de la politique du Front National, un parti politique d'extrême droite. Certains, se référant au verset 24-31 du Coran, avancent l'idée que le port du voile est une exigence religieuse qui doit être suivie par les musulmanes. Mais d'autres refusent cette interprétation et expliquent que le port du voile ne concernait que les femmes du prophète et non pas toutes les femmes musulmanes.

---

1. A quoi associez-vous cette tension qui existe en France au sujet du port volontaire du voile de la part de certaines lycéennes ?

2. Quels rapports établissez-vous entre la politique extérieure de la France et la sensibilité du sujet du port du voile ?

3. Pourquoi les enseignantes mentionnées ci-dessus sont-elles accusées de suivre la politique du Front National ?

4.   Que pensez-vous du choix des lycéennes qui ont décidé de porter le voile ?

B. L'ORIGINE DU VOILE

Le port du voile a une longue histoire. Dans l'antiquité, Plutarque note que les rois et les reines perses portaient une sorte de voile quand ils donnaient l'audience aux peuples. C'est une tradition qui vient donc de l'aristocratie et qui s'est répandue dans les autres couches de la société. Plus tard, avec l'apparition de l'Islam (presque 700 ans après le christianisme), le voile prend une nouvelle fonction sociale: il était destiné exclusivement aux femmes du prophète Mohammad (versets 32 et 49 du Coran). Au moins dix siècles avant l'Islam, la religion juive avait imposé cette même tradition aux femmes.[2]

De nos jours, dans certaines sociétés, le voile a acquis une fonction explicitement politique. D'après Fatima Mernissi,[3] le port obligatoire du voile représente un conflit entre les femmes opposées à cette politique et les fonda-mentalistes[4] qui cherchent à contrôler les femmes à travers la religion. Dans les sociétés où règne cette loi, les emplois sont réservés aux femmes qui portent le voile. Cette répression envers les femmes a créé un nouveau phéno-mène: une politisation (l'acte d'acquérir une conscience politique, d'exprimer et défendre ses opinions) de la majo-rité des femmes musulmanes.

---

1.   Vrai ou Faux ?

     _F_   L'origine du voile date de l'apparition de l'Islam.

     _V_   A travers l'histoire, seules les femmes portaient le voile.

     _V_   Dans l'antiquité, dans certaines sociétés, le voile symbolisait le pouvoir.

     _F_   C'est toujours l'aristocratie qui porte le voile.

2.   De nos jours, comment le voile a-t-il changé de fonction ?

     Il n'y a pas beaucoup de personne qui porte des voiles, fréquemment

---

[2] En même temps, les chercheurs croient que l'on ne pourrait trouver aucun vers dans le Coran demandant le port obligatoire du voile pour les femmes musulmanes. Le mot voile nous offre une longue liste de références. Par exemple le Coran parle de «70.000 voiles de lumière et de l'obscurité» qui cachent le Dieu.

[3] Femme auteur, professeur et chercheur à l'Université de Rabat au Maroc.

[4] Ce mot, faisant aussi référence aux militants musulmans, est l'image donnée dans les média d'une personne non-éduquée, et archaïque. Du point de vue strictement politique, cette personne est vue comme un terroriste anti-américain. Pourtant les recherches faites sur le statut social de ce groupe montrent que parmi 280 militants islamis-tes, 43% sont étudiants à l'université, 12.5% pratiquent une profession libérale, 14.6% sont des ouvriers et 10.7% sont au chômage. Ils se rangent parmi les diplômés de l'université et sont docteurs, ingénieurs, pharmaciens, comp-tables et enfin instituteurs/trices.

3.   Quels sont les effets du port du voile sur la vie sociale des femmes ?

Les voiles se cachent les femmes, peut-être.
Contrôle les femmes vers la religion.

4.   Le port obligatoire du voile: Quelle réaction a-t-il crée chez les femmes musulmanes ?

un politisation (un conscience politique)

C.   LE POUVOIR DU VOILE

Certaines femmes musulmanes éduquées aimeraient remplir des fonctions sociales occupées par les hommes. Ce changement de rôle possible inquiète les fondamentalistes. L'éducation est la stratégie la plus efficace employée par les femmes pour intégrer le marché du travail. Beaucoup de ces femmes portent le voile pour pouvoir sortir de la maison et entrer dans le monde socio-économique, qui leur serait autrement interdit (si elles refusaient de porter le voile).

Dans les sociétés où l'Islam est au pouvoir, les femmes ont réagi de façons différentes à la loi du port obligatoire du voile. Certaines, qui n'ont pas vraiment besoin de travailler, ont sacrifié leur emploi pour préserver jusqu'à un certain point leur liberté vestimentaire. D'autres ont décidé de porter le voile pour pouvoir rentrer dans le domaine social. Un troisième groupe a choisi de se voiler pour exprimer leurs indépendance par rapport à "l'invasion culturelle et politique" de leur société par l'Occident. Elles considèrent le port du voile comme la préservation de leur identité nationale et politique.

Enfin, il existe un nombre important de femmes, qui, grâce à cette loi, sont devenues plus visibles en dehors de la maison. Derrière ces voiles qui les entourent s'étend un monde de créativité. A nous de les (re)connaître!

---

1.   D'après le texte, dans les sociétés gouvernées par l'Islam, lesquelles de ces femmes doivent porter le voile ? Ensuite, expliquer pourquoi OUI ou pourquoi NON.

OUI ? ou NON ?	Est-ce que cette femme doit porter le voile ?	POURQUOI (d'après le texte) ?
1. OUI / NON	une femme qui cherche un emploi	
2. OUI / NON	une politicienne	
3. OUI / NON	une femme au foyer (qui travaille à la maison)	
4. OUI / NON	une étudiante en commerce	

2. D'après le texte, quelles sont les réactions des femmes à la loi du port obligatoire du voile ?

Ouverture...

A. A VOUS: Connaissez-vous des histoires, des contes de fées ou des traditions (par exemple, le mariage) où "le voile" joue un rôle important ? Choisissez un exemple et discutez le rôle du voile.

B. A VOUS: Choisissez un des commentaires ci-dessous et expliquez votre réaction.

1. *Toute femme qui prie ou qui prophétise la tête non voilée déshonore son chef. C'est comme si elle était rasée car si une femme n'est pas voilée, qu'elle se coupe aussi les cheveux. Or, s'il est honteux pour une femme d'avoir les cheveux coupés ou d'être rasée, qu'elle se voile.* (de l'épître de Paul aux Corinthiens, I.11 5 6.)

2. *Couvrir le corps c'est couper la voix.*

3. *Voiler les femmes c'est former et unifier leur identité et leurs désirs.*

C. ACTIVITE de GROUPE: Vous représentez un groupe de parents, administrateurs, professeurs et étudiants de votre lycée qui discute du Nouveau Code Vestimentaire. Chaque étudiant à l'école doit porter un uniforme. Discutez du choix d'uniforme (formel ? informel ? couleurs ? pantalon pour les filles ? gilets ? cravates ? etc.). Votez si nécessaire. Discutez aussi de comment vous proposez de renforcer ce nouveau code; y aurait-il un système d'amendes ou d'autres punitions ?

D. A DEUX: Lisez ce compte rendu d'un téléfilm de la collection *Les années lycée*, par Romain Goupil, projetée en France. Ensuite, écrivez un dialogue entre l'écolière et son père, ou entre l'écolière et son amie. Insérez les citations dans votre dialogue.

Compte rendu:

La décision de l'écolière, Yaqine, de se voiler est considérée comme un premier combat contre sa famille, ses amis et l'institution scolaire. D'un autre côté, l'administration de l'école considère le port du voile comme une régression et une provocation. Alors, Yaqine a été renvoyée de l'école pour avoir porté le voile.

la réaction de son PÈRE: *"Si au fond de toi, tu es droite et sincère, tu peux enlever ton voile."*

la réaction de son AMIE: *"Depuis qu'il y a des pétasses (vulgaire : jerk, moron, idiot) comme toi qui mettent le voile, nous passons pour des prostituées (whores)."*

Documentation supplémentaire

A. Pourcentage de femmes professeurs à la faculté universitaire, 1980 (Egypte, 1981) (Source: F. Mernissi, <u>Beyond the Veil</u>, p.xxviii):

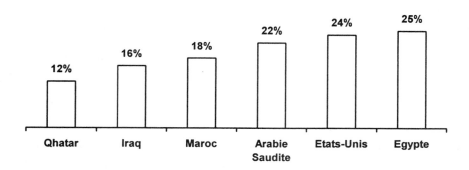

B. Extrait d'un article du journal <u>Le Monde</u>, 9 décembre 1996:

> *Ce que nous attaquons, c'est le voile sexiste, absolument pas l'élève qui le porte, et encore moins parce qu'elle serait musulmane! Nous combattons un symbole, contre lequel chaque jour des femmes se révoltent, en Algérie, au Soudan, en Iran. Souvent au prix de leur vie.*

*Nous marchons à grands pas vers la formation
de cinq ou six grands empires.
Ces empires une fois formés, rien ne remuera plus, d'autant
moins même que, tôt ou tard,
ils devront se faire la guerre.*
--Pierre Joseph PROUDHON (1809-1865)

Approche... Quelles sont les conséquences du système colonial en Afrique ? Réfléchissez à l'émigration des peuples africains, non seulement de leur continent aux colonies, mais aussi à l'intérieur de leurs propres régions. Examinons les vestiges de la colonisation en explorant d'abord quelques cartes géographiques.

L'ESPACE EXTERIEUR. Etudiez cette carte des villes de l'Afrique de l'Ouest entre le 11ème et le 15ème siècles:

A. Où habite la majorité de la population ? (à la côte, à l'intérieur du continent, près des fleuves...)

à la côte, près des fleuves

FIGURE 1. *11ème -15ème siècles*

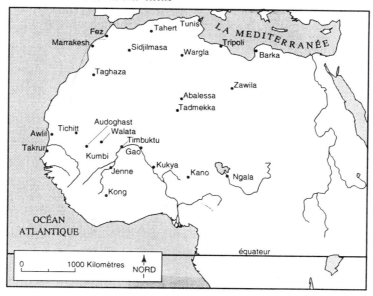

Maintenant, étudiez la carte à la page suivante. Notez où se trouvent les grandes villes au 19ème siècle.

Timbuktu

FIGURE 2.   *19 ème siècle*

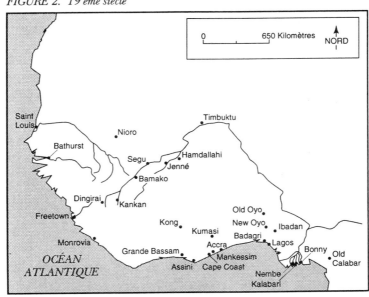

B.   Quel changement remarquez-vous dans la distribution de la population entre le 15ème et le 19ème siècles ?

On demenageait près d'eau, la côte d'ivoire

C.   A votre avis, comment peut-on expliquer ce changement ? La réponse n'est pas facile, mais réfléchissez aux possibilités. le commerce, colonisation

Découverte... Découvrez les changements provoqués par le système européen de colonisation A travers les cartes suivantes, vous allez étudier quatre éléments de la transformation de l'Afrique de l'Ouest: l'expansion du territoire, le commerce, les langues, les frontières.

I.   L'EXPANSION DU TERRITOIRE:

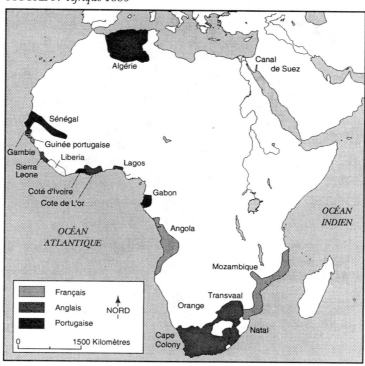

FIGURE 3. *Afrique 1880*

A.   Notez les dates indiquées sur la carte ci-dessus et celle de la page suivante. La période de colonisation en Afrique correspond à quel développement historique, économique, culturel, et/ou commercial en Europe ? Voyez-vous une relation possible entre les deux phénomènes ?

un revolution industrielle

Il avait le pouvoir à voyager

FIGURE 4. *Afrique 1914*

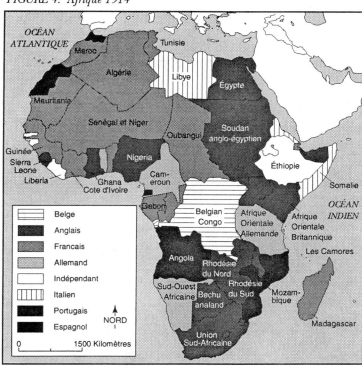

B.   Deux territoires allemands sont devenus des colonies françaises après 1914. Pouvez-vous les nommer ?
     D'autres territoires allemands sont devenus des colonies britanniques. Comment expliquez-vous ce
     changement ?

     La première gaurre du monde

II. LE COMMERCE

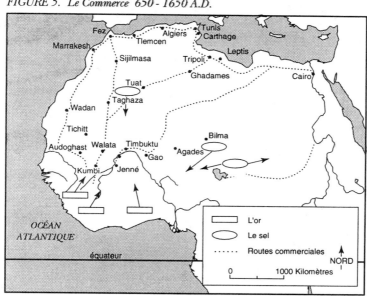

FIGURE 5. Le Commerce 650 - 1650 A.D.

A. Etudiez la carte ci-dessus. Décrivez l'ancien système de commerce en Afrique de l'Ouest, c'est-à-dire, avant l'intervention des colonisateurs. Quels produits échangeait-on ? Quelles étaient les routes principales ? D'après vous, quel moyen de transport utilisait-on ?

l'or, le sel, les routes le plus direct qui passe près de le sel et l'or.

FIGURE 6. Les chemins de fer 1890 - 1939

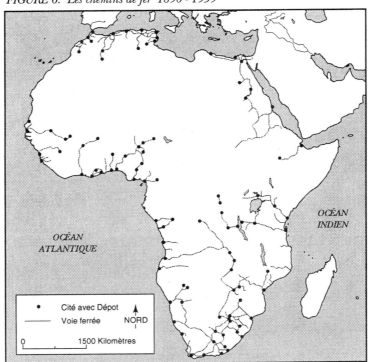

B. Analysez la configuration des chemins de fer (du train) construits pendant la période coloniale. A quelle
fonction semblent-ils servir ?

travailler au coeur d'afrique

III. LES PRODUITS AGRICOLES

FIGURE 7. *Structure des échanges 1900 - 1939*

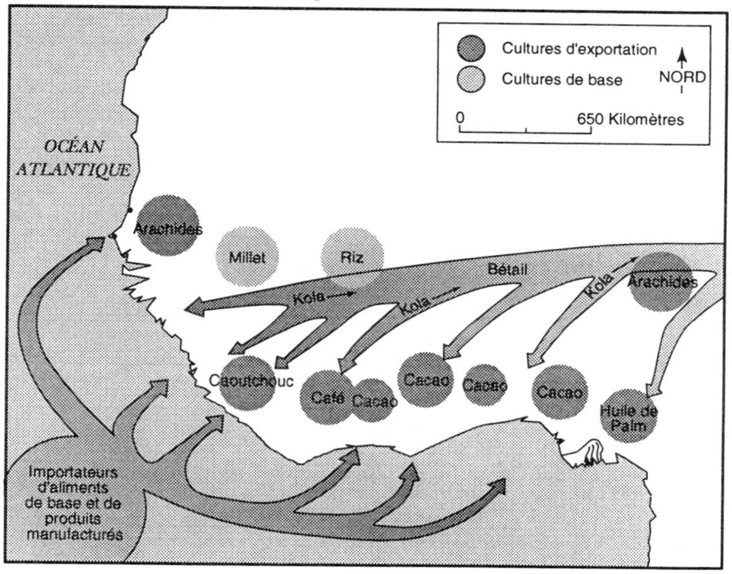

A. Faites une liste de produits agricoles cultivés en Afrique sous le système colonial. La plupart sont quelle sorte de produit ?

Cacao, un parfum

Millet Riz, Huile de Palm, Café

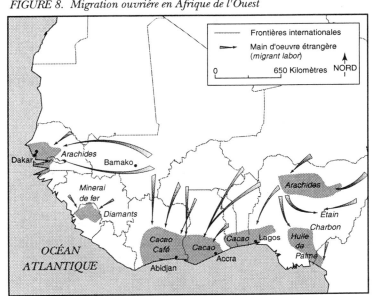

FIGURE 8. Migration ouvriére en Afrique de l'Ouest

B. D'après les cartes, analysez les conséquences de ce système agricole sur la population africaine. Quelles conclusions en tirez-vous ?

il s'est allé de la centre d'afrique pour les jobs à côte.

IV. LES LANGUES

A. Sur la carte de l'Afrique contemporaine, pouvez-vous nommer les pays africains francophones ? Encerclez-les.

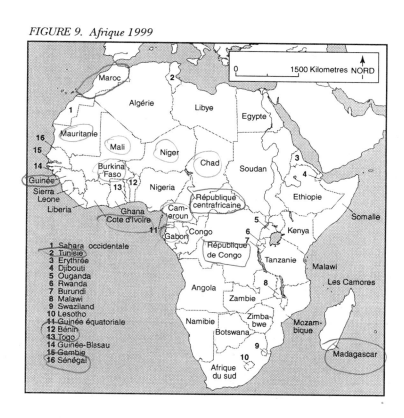

FIGURE 9. *Afrique 1999*

B. Voici quelques statistiques sur la configuration linguistique de quelques pays africains.

nombre de langues	pays:
environ 52	Le Bénin:
environ 239	Le Cameroun:
environ 50	La Côte d'Ivoire:
environ 40	Le Togo:
environ 250	La République Démocratique du Congo:

D'après ce tableau, quel rôle peut jouer la langue française en Afrique ? Lorsqu'on dit qu'un pays est "francophone" qu'est-ce que cela signifie, à votre avis ?

un ligne de communication

V. LES FRONTIERES

FIGURE 10. Le partage du Togo

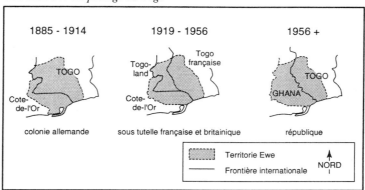

A.   Notez la distribution du peuple Ewe en Afrique de l'Ouest. Quels pays habitent-ils ? Est-ce que les frontières politiques correspondent aux frontières ethniques ou linguistiques ?

Togo, Ghana,

B.   Le Togo est devenu une colonie française, le Ghana une colonie anglaise. A votre avis, quelles sont certaines conséquences possibles pour les Ewe ? Ils parlent français et anglais?

FIGURE 11. Les Empires africains à leur apogée

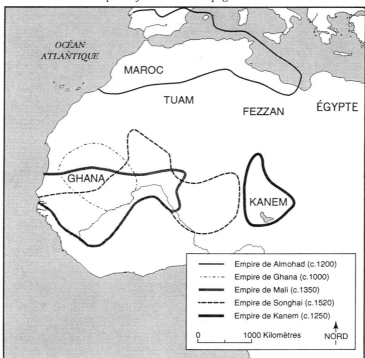

FIGURE 12. *Afrique 1879*

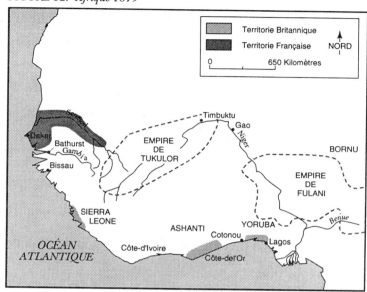

C. Ici et sur les pages précédentes, examinez les frontières politiques des pays africains contemporains (1999) et celles de quelques états précoloniaux. Est-ce que les états modernes se sont développés à partir des anciennes structures ? Comment expliquer la logique des frontières actuelles ? A quoi correspondent-elles ?

D. En considérant l'arrangement des frontières politiques contemporaines, pensez-vous que le cas de Togo soit une exception en Afrique ? Expliquez.

Exploration...

I.   L'ESPACE VECU: Les deux textes suivants sont adaptés de <u>Les Corps glorieux des mots et des êtres</u> (1994), un mémoire de V.Y. Mudimbe, philosophe et romancier né au Congo Belge, aujourd'hui la République Démocratique du Congo. Mudimbe est actuellement professeur universitaire aux Etats-Unis.

Imaginons que je suis en train de descendre de la "mission" et m'avance vers le "village" de Mpala. Je vais du Nord au Sud. Derrière moi: la mission, le cap (*cape*) Tembwe et le Delta de la Lufuku. Devant: le village, et au loin, la forêt du mont Nzawa domine tout l'horizon au Sud. Convertis au christianisme, les habitants de Mpala ont officiellement abandonné, au début de ce siècle, le génie de la terre qui habite le Nzawa. En moins d'un siècle de transformations progressives, le Nord, avec sa cloche organisant le temps de la vie, du travail et de la prière, s'est substitué à l'ensemble ancien qu'activait le Sud.

A.   Relisez le texte et faites une carte qui montre la mission (avec le cap Tembwe et le Delta de la Lufuku) et le village (avec la forêt du mont Nzawa).

B.   D'après ce texte, l'espace quotidien dans les colonies s'organise autour de deux pôles opposés. Complétez les phrases suivantes en trouvant le complément dans le texte.

1.   *Le Nord* représente _____

2.   Quand l'auteur écrit *la mission*, il pense _____

3.   _____ peut symboliser *la divinité de Nzawa (le génie).*

4.   _____ est évoqué(e) par *la forêt du mont Nzawa.*

5.   L'auteur voit la modernité dans _____

C. La vie de la mission est organisée par une structure en particulier. Laquelle ? Quel effet produit-elle sur l'existence des habitants ?

D. Dans ce texte il s'agit d'un mode de vie qui en remplace un autre. Lequel ? Quels mots sont employés pour décrire ce processus ? Qui sont les agents de cette opération ?

E. Les transformations dont parle l'auteur se passent quand ? Quel rapport voyez-vous entre ce récit et l'histoire présentée dans les cartes précédentes ?

Mudimbe continue:

...A une extrémité, la "mission" avec ses édifices rectangulaires... à l'autre extrémité, le village, avec une unique rue centrale, des cases et quelques boutiques. Entre ces deux lieux, il y a un espace vide, un espace vague qui n'est ni jardin, ni forêt. Il irrite dans ce qu'il dévoile: la séparation. Il est tactique. Cette distance et cette séparation en blanc et noir semble, paradoxalement, invoquer le mariage des deux extrémités... c'est l'ambiguïté essentiel de lieux.

F. Cet extrait introduit une nouvelle opposition. Laquelle ? Quel rôle joue-t-elle dans l'organisation de la vie de tous les jours ?

G. Cet extrait introduit aussi un espace intermédiaire entre les deux pôles opposés. Décrivez-le. Quelle est sa fonction ? Pourquoi l'auteur dit-il que ce lieu est "ambigu" ?

II.   L'ESPACE INTERIEUR.   Aimé Césaire (1913 -), poète, dramaturge et homme politique martiniquais évoque la condition de l'homme colonisé dans ces discours et ces œuvres. Cependant ici, Césaire cite les vers du poète québécois Gaston Miron:

> *Moi, je gis dans la boîte crânienne*
>
> *Dépoétisé dans ma logique et mon appartenance*
>
> *Déphasé, décentré dans ma coïncidence...*[1]

A.   Notez les trois adjectifs utilisés pour décrire l'espace intérieur du poète: *dépoétisé, déphasé, décentré*. Quel son se répète ? Qu'est-ce que ce préfixe signifie ? Expliquez ces trois adjectifs en fonction de ce préfixe.

B.   Voyez-vous un rapport entre cet extrait et les tableaux présentés aux pages précédentes ? Expliquez votre réponse.

C.   Ces vers ont été écrits par un poète *québécois*, cités par un poète *martiniquais*, et utilisés ici pour illustrer l'histoire colonial *en Afrique*. Qu'est-ce que ces trois lieux ont en commun ? Comment sont-ils différents ?

_____

[1] "Césaire: Portrait d'un rebelle," Diagonales , 12 (Octobre 1989), 4-5.

III. LA DECOLONISATION: Le texte suivant est un extrait de la préface du roman <u>Les Sept Solitudes de Lorsa Lopes</u> (1983) de l'écrivain congolais Sony Labou Tansi.

...J'exige un autre centre du monde, d'autres excuses de nommer, d'autres manières de respirer... parce que être poète, de nos jours, c'est vouloir de toutes ses forces, de toute son âme et de toute sa chair, face aux fusils, face à l'argent qui lui aussi est devenu un fusil, et surtout face à la vérité reçue... [Etre poète, c'est vouloir] qu'aucun visage de la réalité humaine ne soit poussé sous le silence de l'Histoire. Je suis fait pour dire la part de l'Histoire qui n'a pas mangé depuis quatre siècles...

A.   Comment est-ce que ce texte répond à la situation évoquée par Césaire dans le poème précédent ?

B.   Que signifie l'expression "face à l'argent qui lui aussi est devenu un fusil . . ." ? Quels sont les autres obstacles que le poète doit surmonter ?

C.   Dans la narration de l'histoire coloniale, quelles réalités humaines sont "poussée[s] sous le silence" ? D'après vous, comment les faire parler ?

D.   Quel rôle l'imagination peut-elle jouer dans un projet de créer "un autre centre du monde" pour l'Afrique ?

Ouverture...

A. A VOUS: Trois sujets d'écriture:

1. V.Y. Mudimbe caractérise l'espace colonial comme "un espace violenté." Il note que le mot colonisation dérive du mot latin "colere" qui signifie "organiser, arranger." Qu'est-ce que le système colonial organise et par quels moyens ? Dans votre réponse, discutez ce rapport entre ordre et violence.

2. Quels éléments du système colonial (économiques, politiques, culturels, spirituels) sont toujours présents en Afrique après les indépendances politiques ? Quelles sont les conséquences de cet héritage ? Quelles difficultés pose-t-il pour une vraie indépendance ?

3. Dans son essai "Sur la philosophie africaine" (1977) le philosophe africain Paulin Hountondji déclare qu'il est temps pour l'Afrique de "mettre fin à cette extraversion monstrueuse." Discutez cette notion d'extraversion et dans le contexte colonial et aujourd'hui.

B. ACTIVITE de GROUPE: Retournez sur la liste de langues en Afrique de l'Ouest. Chaque étudiant dans le groupe va rechercher de l'information sur une langue africaine. Expliquez les origines de cette langue, où elle est (était) parlée, et par combien de personnes. Si possible, décrivez l'évolution de cette langue jusqu'à nos jours. Finalement, apportez en classe quelques mots ou expressions de cette langue.

Films à voir:

Afrique je te plumerai, Jean-Marie Teno, Dir. *(available through "California Newsreel")*

Quartier Mozart, Jean-Pierre Bekolo, 1992 (Cameroun)

La Vallée obscurcie par les nuages, Barbert Schoeder, 1972 (France / Nouvelle Guinée)

Femmes aux yeux ouverts, Anne-Laure Folly, 1994 (Togo)

Keita, Dani Kouyate, 1994 (Burkina Faso)

La vie est belle, Ngangura Mweze et Bernard Lamy, 1987 (Zaïre / Belgique)

Xala, Ousmane Sembène, 1981 (Sénegal)

Touki Bouki, Djibril Mambety, 1973 (France / Sénegal)

*A la ruse du colon
ils répondent par une ruse inverse et semblable:
puisque l'oppresseur est présent
jusque dans la langue qu'ils parlent,
ils parleront cette langue pour la détruire.*
--Jean-Paul SARTRE (1905-1980)

Approche...   Découvrons des problèmes d'identité et de langage dans trois anciennes colonies françaises: la Guadeloupe, la Martinique, et la Guyane (actuellement des *départements d'outre-mer* de la France). Explorons l'histoire de la colonisation, de la Traite (*slave trade*), et de l'Assimilation. Ces trois facteurs ont altéré pour toujours les cultures indigènes des peuples antillais et africains. Examinons les conséquences culturelles d'une colonisation "réussie." Examinons notamment le dilemme de l'écrivain noir qui, pour s'exprimer contre le colonialisme, se sert de la langue de l'oppresseur: celui du Français. Enfin, étudions quelques stratégies de résistance dans cet emploi de la langue.

COLONISATION et LA TRAITE: Examinez la carte ci-dessous.

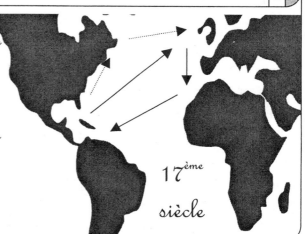

Notez les routes principales des colonisateurs européens qui prenaient ou achetaient des esclaves en Afrique afin de les vendre aux Caraïbes et en Amérique. Ils revenaient en Europe -- souvent en passant par les Colonies Américaines -- leurs bateaux pleins de sucre, de rhum, et d'autres produits, comme, par exemple, des esclaves.

17ème siècle

A. A votre avis, quels étaient les intérêts des Européens, les Français en particulier, pour envahir et acquérir les territoires antillais ?   *Un territoire pour commerce*

B. Pourquoi est-ce que les Français sont-ils passés par l'Afrique pour aller aux Antilles ?
(la navigeur?)   les esclaves

C. Pourquoi les Français avaient-ils besoin de ces peuples africains aux Antilles ? Quelle sorte de travail faisaient les esclaves africains ?   *pour travailler   les hommets*

D. Plusieurs Caraïbes et d'Arawaks (deux tribus indigènes) sont morts des maladies importées par les Européens. D'après ce que vous savez, quelles autres tragédies sont arrivées aux peuples indigènes ?

les maladies, il a perdu de terre

Découverte...

Découvrons trois facteurs associés aux problèmes d'identité aux Antilles:

  I.   le statut de Département d'outre mer (DOM) et l'Assimilation
  II.   l'Aliénation Culturelle, et
  III. la Négritude et la Résistance

dessin de PLANTU
Le Monde Diplomatique
juin 1977

I.   "DOM" et ASSIMILATION

Après la période colonialiste, la France a décidé de faire de ses anciennes colonies antillaises des DOM: des départements d'outre-mer. Depuis 1946, la Guadeloupe, la Martinique, et la Guyane sont considérées et traitées comme une partie de la France, la "mère patrie".

Pour les Français, le but de l'Assimilation était de transformer ses colonies en "petits pays français" et leurs habitants en "petits Français". En adoptant ces pays – encore sous-développés, mais déjà dépendants de la France -- la France augmentait, en échange, sa puissance économique (monopole sur les vols aériens, les échanges commerciaux, etc.). Les Antillais, pour leur part, profitaient des mêmes avantages (l'éducation, le travail, la sécurité sociale, etc.) que leur compatriotes français. Aujourd'hui, la langue française reste la langue d'instruction dans les écoles de ces anciennes colonies.

A. A votre avis, quels sont les avantages pour les Français de transformer en 1946 les colonies -- la Guadeloupe, la Martinique, et la Guyane -- en départements d'outre-mer (DOM) ?

B.   Quels sont les avantages pour le peuple antillais à voir leur pays devenir un département de la France ?

C.   Réfléchissez. Voyez-vous des conséquences culturelles pour les peuples antillais devenus citoyens français ? Par exemple ?

II. ALIENATION CULTURELLE

La politique de l'Assimilation a renforcé le racisme. *Imposer* une culture sur une autre, *remplacer* une culture par une autre, cela implique qu'une culture est supérieure à une autre. Le résultat de cette assimilation ? L'aliénation culturelle des peuples noirs aux Antilles. Deux fois aliénés -- arrachés de leur culture d'origine par la Traite et puis par l'Assimilation -- les Antillais ont commencé à adopter non seulement la culture de *l'Autre* (l'oppresseur), mais aussi l'image que cet Autre faisait d'eux: une image raciste d'un peuple inférieur.

En adoptant l'image importée de la France, les premiers écrivains antillais, tout comme le peuple qu'ils représentaient, ont appris à privilégier tout aspect possible de l'optique française. Ils ont imité le style, le langage, et les expressions des écrivains blancs. Par conséquent, cette littérature ignorait l'expérience authentique des Antillais et elle montrait à quel point l'Antillais était aliéné de lui-même. Un écrivain antillais, René Ménil, dans *De l'Exotisme Colonial*, décrit ce sentiment d'aliénation ainsi:

> *La caractéristique fondamentale de l'existence humaine dans la société coloniale, c'est d'être séparée d'elle-même, d'être exilée d'elle-même, d'être étrangère pour elle-même... Je me vois étranger, je me vois exotique, pourquoi ? Parce que 'je', c'est la conscience, 'l'autre', c'est moi. Je suis 'exotique-pour-moi', parce que mon regard sur moi c'est le regard du blanc devenu mien après trois siècles de conditionnement colonial.*[i]

A.   Quel est le résultat de l'assimilation ?

B.   Pourquoi est-ce que les Antillais sont "deux fois aliénés" ?

C.   Pourquoi les Antillais ont-ils adopté pour eux-mêmes "une image raciste d'un peuple inférieur" ?

D.   Comment est-ce que les premiers écrivains antillais ont imité les Français ?

E.   Pourquoi, à votre avis, ces écrivains antillais ont essayé de se faire passer pour des écrivains blancs ?

F.   D'après le texte, qu'est-ce qui manquait dans la littérature antillaise ?

dessin de PLANTU
Le Monde Diplomatique, juin 1977

III. NEGRITUDE ET RESISTANCE

A Paris dans les années 1930, certains étudiants antillais et africains ont commencé à combattre l'image d'infériorité qu'ils avaient adoptée d'eux-mêmes. Ils ont fondé un mouvement -- **la Négritude** -- qui privilégiait l'idée d'une identité noire. C'était une réaction contre la *lactification*, c'est-à-dire, le désir d'être blanc manifesté dans l'imitation littéraire et sociale de la civilisation blanche.

La Négritude a essayé de briser cette tradition aliénante en mettant en question l'idée de l'Assimilation. En décrivant la lutte contre l'esclavage, le colonialisme, et le racisme, les écrivains s'inspiraient de leur propre culture et de leur propre histoire.

A.   Pourquoi est-ce que ces intellectuels noirs se réunissaient à Paris ?

B.   Quel était l'objectif principal du mouvement de la Négritude ?

C.   Qu'est-ce que la "lactification" ?   Quel(s) mot(s) associez-vous à ce terme ? Expliquez le mot "lactification" dans le contexte colonial et assimilationiste.

D.   D'après vous, quels aspects de la vie quotidienne d'un Antillais contribuent à l'imitation sociale de la civilisation blanche. Réfléchissez par exemple à la cuisine, à la mode, aux loisirs, à l'éducation, à la religion, etc.

Exploration...   Maintenant que vous connaissez mieux les problèmes d'identité aux Antilles, explorez la question du langage.

I.   **L'IRONIE DE LA LANGUE: un paradoxe de Jean-Paul SARTRE.**[ii] Lisez attentivement ces trois citations:

Dispersés par la traite aux quatre coins du monde, les noirs n'ont pas de langue qui leur soit commune; pour inciter les opprimés à s'unir ils doivent avoir recours aux mots de l'oppresseur.

***

...entre les colonisés, le colon s'est arrangé pour être l'éternel médiateur; il est là, toujours là, même absent.

***

Et comme les mots sont des idées, quand le nègre déclare en français qu'il rejette la culture française, il prend d'une main ce qu'il repousse de l'autre.

A.   Savez-vous ce que c'est qu'un paradoxe ? Si non, cherchez la définition ou un exemple dans un dictionnaire ou une encyclopédie. Pouvez-vous donnez un exemple d'un paradoxe ?:

B.   Quels sont les deux éléments du paradoxe décrit par Sartre ?

C.   Pourquoi la langue française semble-t-elle utile pour le peuple noir ?

D.   Pourquoi donc est-ce ironique d'utiliser la langue française comme véhicule de communication ?

E.   Voyez-vous une solution à ce dilemme ? Oui ou non.

II. STRATEGIES DE LIBERATION: la piraterie d'Aimé Césaire

Un des fondateurs du mouvement identitaire de la Négritude, **Aimé Césaire** [1913-] est à la fois homme politique, écrivain, poète, et dramaturge. Il n'est donc pas surprenant qu'il s'intéresse particulièrement à la manière dont la langue française est utilisée par les peuples post-colonisés. Voilà ce qu'il dit à propos de cette littérature "mineure":

Pour définir l'activité spécifique d'un groupe allogène (non-native), *hors-territoire, qui s'empare* (take over) *d'une langue, en fait son bien et la plie à ses besoins propres, je songerais* (rêverais) *volontiers à la piraterie.*

Et je dirais que, comme il y a des radios pirates, il y a un emploi pirate de la langue et que c'est cela une littérature mineure. Oui, dans ce sens, la littérature nègre d'expression française est aussi une littérature pirate . . . .

Langue détournée sans doute.

Langue dévoyée (gone astray) *assurément.*

Mais langue rechargée peut-être aussi et dynamisée.

A. Quels mots associez-vous au mot "piraterie" ?

B. Au premier paragraphe de la citation, Aimé Césaire indique 3 étapes – marquées par trois verbes -- de la piraterie d'une langue. Quels sont ces 3 étapes ? Indiquez-les avec trois verbes à l'infinitif.

   1. _____   2. _____   3. _____

C. Réfléchissez. Est-ce que c'est possible d'adopter la langue du colonisateur et de l'utiliser à ses propres fins ? Comment ?

D. Dans ce contexte, est-ce que la piraterie suggère ici quelque chose de négatif ? Expliquez.

E. D'après vous, est-il possible pour l'écrivain antillais d'échapper à l'oppression représentée par la langue française ? Comment ?

III. LA LANGUE CRÉOLISÉE: une approche critique

Qu'est-ce que c'est qu'une langue détournée, dévoyée, rechargée, et dynamisée ? Aujourd'hui, certains écrivains antillais écrivent dans la langue française, tandis que d'autres choisissent d'écrire dans un français créolisé. Le créole est un mélange de français, d'espagnol, de portugais, d'anglais, de néerlandais et aussi de langues indigènes et africaines. Cette langue est devenue la langue maternelle pour toute une communauté: les Antilles.

D'après Pascale DeSouza, dans la littérature antillaise, le créole apparaît à trois degrés:

1. *le langage est créole, pur et dur*

2. *le langage est créole et français*

3. *le langage est français, mais stylisé à la manière du créole[iii]*

A. Lisez les phrases suivantes. Quelles expressions vous semblent "créoles" ou "créolisées". Il faut lire à haute voix (*out loud*). Vous ne comprendrez peut-être pas tous les mots.

1. "Pourquoi tu veux pas me crier, tu sais déjà je suis levée depuis le pipiri chantant..."[iv]

2. "Cé manman tou sel ki dans la misé lambara"[v]

3. "Kitèy mô! Elle va me tuer, cher! Madam-lasa sé on vyé volan! Laisse-la mourir!" [vi]

B. Maintenant, quelle phrase, 1-2-3, illustre un exemple . . .

_2_____du *créole pur et dur.*

_3_____du *créole et français.*

_1_____du *français, mais stylisé à la manière du créole.*

C. Pourquoi créoliser le français ? Quel est l'effet de la transformation du français par le créole (à n'importe quel degré) pour...

...l'écrivain ? separer, une culture unique

...un lecteur créole ?

...un lecteur non-créole ? il y a un barrier

...vous, étudiant(e) de français ?

Ouverture...

A. A VOUS: Imaginez que vous êtes écrivain antillais. Dans quelle langue écrivez-vous (en créole pur, avec un mélange du créole et du français, en français créolisé). Expliquez votre choix.

B. A DEUX: Le "*franglais*" est, pour une petite communauté d'étudiants en français, une espèce de langue. Bien qu'elle ne soit pas officielle, elle est tout de même employée comme moyen d'expression. Chaque personne écrit un petit paragraphe en *franglais* où vous décrivez votre professeur, un beau souvenir, ou un événement récent. Ensuite, récrivez en bon français le paragraphe de votre partenaire.

C. ACTIVITÉ de GROUPE: Comme vous avez remarqué, il existe parfois des problèmes à décrire une expérience culturelle en langue étrangère. Vous voyez ce décalage tous les jours en cours de français. Lisez bien les indications pour cette activité:

1. Réfléchissez à un événement typiquement <u>américain</u> (*Halloween, the Superbowl, Prom, cookouts, Thanksgiving, etc.*). Notez-le sur un bout de papier. Le professeur ramassera tous vos "événements".

2. Un par un, l'étudiant choisit un "événement" (sans regarder!) et le décrit à l'oral.

3. Il faut utiliser le <u>français</u> <u>pur</u>!

4. Il est interdit d'utiliser l'anglais ou *l'américain*, même si l'expression est acceptable en français. Par exemple, ces mots sont interdits: football, rock-n-roll, hamburger.

5. Il est interdit d'utiliser les mains ou les gestes pour vous aider..... *bon courage !*

D. ACTIVITE de GROUPE: Avec des camarades de classe, essayez de trouver l'équivalent français pour chaque phrase en créole.

CREOLE

____1. *Si sété an ti fi!*

____2. *Méssié kouté, kouté!*

____3. *Kiteye trankil!*

____4. *Si pa ti ni wom, pa ti ni lapwyè.*

____5. *I pi mové ki papaye!*

____6. *Rouvè la pot ban mwen, la pli ka mouyé mwen.*

____7. *Ou té konnet papa mwen ?*

____8. *Mi la nuit ka ga'dé moin. Maché toujous dé'ié moin, la mé!*

____9. *Cé bon dié qui ka bon main ti moune en main.*

____10. *Do do petit, papap pa la.*

FRANÇAIS

a. Ouvre-moi la porte, la pluie me mouille.

b. Il est plus méchant (mauvais) que son père!

c. Voici la nuit qui me regarde. Marche toujours derrière moi, la nuit.

d. Laisse-la en paix (tranquille)!

e. C'est le bon Dieu qui me donne mon enfant.

f. Tu connaissais mon père ?

g. S'il n'y a pas de rhum, pas de prière.

h. Messieurs, écoutez.

i. Dors (Fais dodo) mon bébé, papa n'est pas là.

j. Ah, si c'était une fille!

FILMS À VOIR:

   Rue Cases Nègres (Sugar Cane Alley), d'Euzan Palcy
   Aimé Césaire (documentaire en 3 parties), d'Euzan Palcy

[i] <u>La Nouvelle Critique</u>, mai 1959, 140.
[ii] *"Orphée Noir"*, préface à <u>Anthologie de la nouvelle poésie nègre et malgache de langue française</u>. 4e ed. Paris: PU de France, 1977, xviii.
[iii] Pascal DeSouza. "Inscription du créole dans les textes francophones: De la citation à la créolisation" <u>Penser la créolité</u>. Paris: Karthala, 1995.
[iv] Suzanne Dracius-Pinalie. <u>L'autre qui danse</u>. Paris: Senghers, 1989
[v] Lucie JULIA. <u>Mélody des faubourgs</u>. Paris: L'Harmattan, 1989.
[vi] Gisèle Pineau. <u>La Grande Drive des esprits</u>. Paris: Le Serpent à Plumes, 1993.

LA TENSION LINGUISTIQUE

Ce n'est pas un crime
de savoir plusieurs langues,
c'est plutôt un malheur.
--Jean PAULHAN (1884-1968)

Approche...   Que représente une langue ? Et si la langue vous est imposée ? Cette unité vous demande de réfléchir sur les conséquences linguistiques de la colonisation, surtout en Louisiane et en Haïti.

A. Le Bilinguisme: Il existe, aux Etats-Unis et dans le monde entier, des régions où plusieurs élèves parlent une langue à la maison et une autre à l'école. Quels problèmes est-ce que cela peut poser...

1.   ...à l'école ?

2.   ...à l'instituteur / au professeur ?

3.   ...à l'élève ?

4.   ...à la famille de cet(te) élève ?

5.   ...à la langue maternelle ?

B   Le Sens du langage: La langue n'est pas simplement un véhicule de communication. Elle signifie bien d'autres choses. Par exemple....

C. Pourquoi le français ? Etudiez cette brève histoire de la colonisation

1492 Christophe Colombe découvre (?) les Caraïbes
1534 Jacques Cartier découvre (?) le Canada
1608 fondation du Québec par Samuel de Champlain
1625 arrivée des Français aux Caraïbes
1682 la France se déclare propriétaire du bassin duMississippi, nommé *Louisiane* (en l'honneur du roi Louis XIV)

1697 la France prend le Haïti de l'Espagne
1755 *Grand Dérangement:* déportation des Acadiens francophones par les Anglais (Canada), beaucoup s'installent en Louisiane
1804 Indépendance de Haïti

Question: L'emploi de la langue française en Louisiane peut signifier bien autre chose que son usage en Haïti. Est-ce vrai ? Pourquoi, pourquoi pas ?

Découverte... Voici deux poèmes francophones. Le premier vient de la Louisiane. Le deuxième de Haïti.

A. En lisant le poème ***Schizophrénie linguistique*** de Jean Arceneaux,[1] soulignez tout ce qui est en anglais.

1
I will not speak French on the school ground.
I will not speak French on the school grounds.
I will not speak French...
I will not speak French...
5
I will not speak French...
Hé! Ils sont pas bêtes, ces salauds*.   (vulg.) idiots
Après mille fois, ça commence à pénétrer....
Ça fait mal; ça fait honte;
Puis là, ça fait plus mal.
10
Ça devient automatique,
Et on speak pas French on the school grounds
Et ni anywhere else non plus.
Jamais avec des étrangers.
On sait jamais qui à l'autorité
15
De faire écrire ces sacrées* lignes   (vulg.) *damn*
A n'importe quel âge.
Surtout pas avec les enfants.
Faut jamais* que eux, ils passent leur temps de recess   Il ne faut jamais
A écrire ces sacrées lignes.   (souvent à l'oral on laisse
20   tomber le *il* et le *ne*)
Faut pas qu'ils aient besoin d'écrire ça
Parce qu'il faut pas qu'ils parlent français du tout.
Ça laisse voir qu'on est rien que des Cadiens*.   Les *Cadiens*, installés au sud
Don't mind us, we're just poor coonasses.   de la Louisiane, descendent du
Basse classe, faut cacher ça....   Canada francophone.
25
Faut parler anglais.
Comme de bons américains.
Why not just go ahead and learn English.
Don't fight it. It's much easier anyway.
No bilingual bills, no bilingual publicity.
30
No danger of internal frontiers.
Enseignez l'anglais aux enfants....
On a pas réellement besoin de parler français quand même.
C'est les Etats-Unis ici,
Land of the Free.
35
On restera toujours rien que des poor coonasses.
Coonass. Non, non. Ça gêne pas.
On aime ça. C'est cute.
Ça nous fait pas fâchés.
Ça nous fait rire.
40
Mais quand on doit rire, c'est en quelle langue qu'on rit ?
Et pour pleurer, c'est en quelle langue qu'on pleure ?
Et pour crier ?
Et chanter ?
Et aimer ?
45
Et vivre ?

---

[1] Cris sur le bayou: Naissance d'une poésie acadienne en Louisiane. Montréal: Editions Intermède, 1980, 16-17.

B. ***Trahison*** de Léon Laleau marque un désaccord douloureux entre le cœur du poète le langage qui lui est imposé.

1
        Ce cœur obsédant, qui ne correspond
        Pas à mon langage et mes costumes,
        Et sur lequel mordent*, comment un crampon*,   *bite, grappling iron*
5
        Des sentiments d'emprunt et des coutumes
        D'Europe, sentez-vous cette souffrance
        Et ce désespoir à nul autre égal
        D'apprivoiser*, avec des mots de France,   *tame*
        Ce cœur qui m'est venu du Sénégal ?

Exploration...

A. Pour *Schizophrénie Linguistique:*

1. Trouvez les moments où le poète mélange le français et l'anglais. Par exemple, vers 18, *...ils passent leur temps de recess.*

    a. Quel effet est-ce que cela produit pour vous, étudiant de français ?

        2 parties d'un discute

    b. Pourquoi est-ce que le poète se sert de l'anglais ?

        Supplementer l'énergie

2. Un pronom peut remplacer une personne, des personnes, une chose, une idée, une action, etc. Il y en a beaucoup dans ce poème. Examinez les *pronoms* suivants. Dans le contexte du poème, que représentent-ils ?

    a. *I* (vers 1-5):   *le poète, le narrateur, un Acadien qui parle français et anglais*

    b. *Ils* (vers 6):   *les créoles*

    c. *Ça* (vers 7, 8-10):   *(une action)*

    d. *on* (vers 6):

    e. *eux / ils* (vers 11, 14):

    f. *on* (vers 22):   *les gens pro Cadien*

    g. *us / we* (vers 23):

    h. *On* (vers 32, 35, 37):

    i. *nous* (vers 38-39):

    j. *on* (vers 40-41):   *tolom*

3.   Dans cette liste que vous venez de faire, il y a deux camps (deux *côtés*). Identifiez ces deux groupes opposés.

> *D'un côté, il y a*...........   *Et de l'autre côté, il y a*........

4.   Où se situe le poète par rapport à ces groupes ? (Où est-ce qu'il se voit lui-même ?)

5.   Indiquez si les expressions suivantes sont associées **à ceux qui parlent anglais** ou **français**. Ensuite, d'après vos réponses, mettez-vous à la place du poète et expliquez vos sentiments vis-à-vis de l'image créée par ces associations.

à ceux qui parlent anglais	*l'autorité*	**à ceux qui parlent français**
anglais	*Cadiens*	**français**
anglais	*coonasses*	**français**
anglais	*basse classe*	**français**
anglais	*bons américains*	**français**

> *Si j'étais à la place du poète, je me sentirais*_____ *parce que*.......
> (adjectif)

6.   Relisez les vers 33-34. Voyez-vous de l'ironie ? Expliquez.

7.   Est-ce qu'on peut dire qu'une langue "gagne" à la fin ? Si oui, laquelle ?

B.   Pour *Trahison:*

1.   La tension entre le cœur et le langage:

   a.   Décrivez le cœur du poète. Le poète est haïtien. Mais d'où *vient* son cœur ?

   b.   Et son langage ? D'où vient son langage ?

2. A votre avis, pourquoi est-ce que cette tension entre le cœur et le langage est douloureux pour le poète ?

3. Le poète écrit qu'il *emprunte* (borrow) quelque chose (vers 4). Qu'est-ce qu'il emprunte ?

4. Quand le poète utilise le verbe *apprivoiser* (vers 8), il fait référence à un aspect du processus de colonisation. Expliquez.

5. Quelle sorte de *trahison* (voir le titre) est-ce que le poète décrit ?

ancienne photo des élèves haïtiennes et leur instituteur devant l'école (1916)
©ArtToday: www.arttoday.com

Ouverture...

A. A VOUS: Que représente votre langue maternelle ? Réfléchissez à vos origines, à vos ancêtres, à la place de votre famille dans la société, à votre nationalité, à vos amis, et à vos camarades de classe.

B. A VOUS: Imposer une culture à une autre peut provoquer certaines conséquences. Trouvez un exemple précis (un exemple personnel, ou un exemple de l'histoire) et expliquez les conséquences.

C. A VOUS: Ecrivez un poème qui décrit vos expériences en cours de français. Vous pouvez mélanger le français et l'anglais si la motivation de ce mélange est claire. Ensuite, lisez ce poème à haute voix, et/ou devant la classe. Quelle est votre réaction ? Quelle est la réaction des camarades de classe ?

D. ACTIVITE INTERNET:

1. Recherchez le *Haïti*. la situation économique, le gouvernement, le tourisme, la vie quotidienne, la cuisine, la musique, les costumes, les coutumes, les traditions, etc.

ou

2. Recherchez l'influence du français en Louisiane, surtout à la Nouvelle Orléans. Chaque membre du groupe cherche des informations sur un aspect spécifique: le *cajun*, la musique, les fêtes (*Mardi Gras*), la cuisine, et surtout la langue.

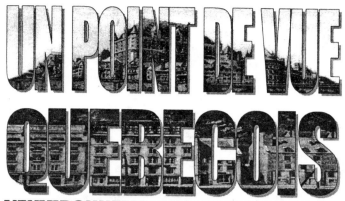

*Nous comprenons la Nature
en lui résistant.*
-- Gaston BACHELARD (1884-1962)

L'ENVIRONNEMENT ET LA VIE DE TOUS LES JOURS

Approche... Quel rôle l'environnement joue-t-il dans la vie de tous les jours ? Est-ce un point de vue québécois différent de celui d'un Américain ? Cette unité propose un regard sur un la place de l'environnement dans la vie quotidienne des Québécois. Mais d'abord, commençons avec vous:

A. D'où vient l'eau que vous buvez chez vous ? Plusieurs réponses sont possibles: du robinet tout simple ? d'une bouteille ? d'un filtre à eau ? directement de la source ? d'un puits ? etc.

B. Quelle est la source d'eau la plus près de chez vous ? Est-ce une rivière ? Un ruisseau ? Un étang ? Un marais ? La mer ?

C. Imaginez qu'un jour vous projetez de visiter cet endroit, et que vous y allez à pied. Décrivez ce voyage en termes aussi précis que possible. (Y a-t-il des collines ? Des routes à traverser ? Certains animaux ou insectes qu'il faut éviter ?)

N.B. A travers les lettres du titre -- "UN POINT DE VUE QUEBECOIS" -- nous voyons une photo ancienne du Château Fontenac qui offre un "point de vue" panoramique de la ville de Québec.

D.   Quand vous êtes chez vous, et que votre fenêtre est ouverte, quels bruits entendez-vous le plus souvent...

...le matin ?	...l'après-midi ?	...le soir ?

E.   Réfléchissez à vos activités quotidiennes.

1.   Pour lesquelles de vos activités avez-vous besoin d'une voiture ?

2.   Lesquelles pouvez-vous faire sans voiture ?

F.   Lesquelles des expressions suivantes associez-vous à la ville ? à la banlieue ? à la campagne ? à toutes les trois ?

	en ville	en banlieue	à la campagne
un centre commercial			
un consommateur une consommatrice			
les consommateurs d'électricité			
une usine			
un parking			
un écosystème			
un chalet			
la forêt			
les transports en commun			
un pick-up			
s'amuser			
aller à la chasse			
aller à la pêche			
faire les courses			

Découverte... Voilà les extraits d'un entretien entre un étudiant américain et Jocelyn GAUDET -- professeur québécois de géographie physique -- à propos de la place de l'environnement dans la vie quotidienne au Québec.

Attention! Quand vous voyez "STOP!" vous allez répondre à une question qui résume une partie du dialogue que vous venez de lire.

Etudiant: *Quel rôle l'environnement joue-t-il dans la vie de tous les jours au Québec ?*

M. Gaudet: Qu'est-ce qu'on entend par "environnement", exactement ? L'écologie, l'environnement naturel, l'eau, le transport, les écosystèmes, les espaces verts... C'est un rôle qui est plutôt secondaire ou caché dans la vie de tous les jours. Bon, à la vie ou à la campagne, on n'a pas de contact quotidien tous les jours avec l'environnement ou la nature. Alors, ça nous importe peu. 5

Etudiant: *Disons que, quand on se promène, à l'heure du déjeuner, à Montréal, on ne se sent pas dehors ?*

M. Gaudet: Oui, dehors, mais... on ne porte pas attention à ce qui est naturel autour de nous. Bon, quand on fait des activités pour se reposer--aller en vacances ou s'amuser--c'est différent. Ou, bon, à ce moment-là, on apprécie ce qu'il y a, puis on essaie de l'utiliser ou d'en profiter. Et puis, l'environnement a 10 un rôle à jouer sur notre quotidien quand il y a des accidents ou des problèmes. Là, c'est notre pays, nos ressources qui sont en danger.

Par exemple, en 91 ou 92, il y a eu un incendie--un gros incendie--de pneus, un dépôt de pneus usagés, qui a brûlé au sud-est de Montréal. On voyait de la fumée noire à Montréal. Et puis, bon, pendant une semaine, deux semaines, toutes les conversations, les journaux, la télé, ne parlaient que d'envi- 15 ronnement, de préservation de l'environnement, et puis du gaspillage de l'environnement que nous vivons, que nous faisons au Québec.

Etudiant: *Mais on ne se sentait pas coupable en tant que consommateurs ?*

M. Gaudet: Non. Puis on n'a pas conduit moins par la suite pour ne pas user de pneus.

Etudiant: *Alors c'est la "faute" des industriels...* 20

M. Gaudet: Oui, c'est la faute de l'industriel, qui est en Floride. (Rire) Puis, qui empilait les pneus sans surveillance.

STOP! REPONDEZ.

1. Dans quelles circonstances est-ce qu'on remarque l'importance de la nature au Québec, selon GAUDET ?

CONTINUEZ.

Etudiant: *Est-ce que tu pourrais parler un peu des différences en ce qui concerne l'attitude envers l'environnement à Montréal, et à la campagne ?*

M. Gaudet: Les Montréalais utilisent les ressources naturelles--qui ne sont pas toujours naturelles--pour le   25
loisir, le repos. On va se promener dans les Laurentides[1], on va se promener dans les cantons de l'est,[2]
pour voir des arbres. Et puis des collines. Mais on se promène en voiture. (Rire.) Ou on y ira faire du
ski ou pour les randonnées en forêt.

Etudiant: *Et on va à la montagne aussi ?*

M. Gaudet: Oui, on va à la montagne en ville. C'est l'endroit sauvage à Montréal, même si l'écosystème   30
de la montagne est fermé sur lui-même puis ne communique plus avec d'autres écosystèmes naturels.
C'est un écosystème modifié ou adapté à nos besoins.

Etudiant: *Et la famille typique de la banlieue de Montréal, cette famille-là va se promener à la montagne, dans le parc du Mont-Royal ?*

M. Gaudet: C'est surtout les gens de la ville propre qui vont à la montagne. Les banlieusards[3] y vont à   35
l'occasion, aussi, mais pas très souvent.

Etudiant: *Quand on va à la montagne, un dimanche après-midi du mois de juin, par exemple, qui est-ce
qu'on voit, et qu'est-ce qu'ils font ?*

M. Gaudet: On voit des familles qui se promènent, des familles de la ville. Des jeunes, seuls, aussi. Dans
certains endroits qui sont moins naturels, plus aménagés, les gens font des pique-niques, ou s'assoient   40
et lisent, ou prennent le soleil tout simplement.

Etudiant: *Est-ce qu'on voit un grand nombre de familles à Montréal, en général ?*

M. Gaudet: Il y a beaucoup de familles, mais on ne les voit pas souvent ensemble. La semaine, les gens
travaillent, mais la fin de semaine on les voit plus, ensemble.

STOP! REPONDEZ.

2. Qu'est-ce que les familles font ensemble au Québec, et quand ?

CONTINUEZ.

M. Gaudet: A la campagne, c'est tout à fait différent. Bon, aussi, la semaine, on n'a pas beaucoup de   45
communication avec la nature ou l'environnement. La fin de semaine, aussi, on va dans la campagne,
dans la nature, pour aussi se détendre, s'amuser, en profiter. Mais c'est une approche vraiment diffé-
rente, parce que, bon, à la campagne, la nature est "naturelle". On va à la chasse, on va à la pêche--en
saison--on va se promener dans la forêt, on va bûcher... C'est plus une exploitation des ressources
qu'uniquement se balader puis dire "Oh, un arbre!"   50

Etudiant: *Quand tu dis "campagne", tu veux dire...*

---

[1] Région montagneuse au nord de Montréal
[2] Région plutôt rurale au sud-est du Saint-Laurent
[3] terme (souvent péjoratif) pour les habitants des banlieues

M. Gaudet: "La campagne" en tant que cultivateurs, fermiers. Ou les petites villes, aussi. Enfin, dans toutes les petites villes et villages, la nature est vraiment une ressource qui est là pour nous. Pour qu'on en tire un bien, quelque chose d'utile ou de pratique.

Etudiant: *Quand tu étais plus jeune, en famille, est-ce que tu avais un contact régulier avec la nature ?*   55

M. Gaudet: Oui, très régulier. J'ai grandi à la campagne, mais.... les gens ne sortent pas tellement en famille à la campagne. Parfois, oui, surtout les gens qui ont des chalets, où la famille va passer la fin de semaine. Mais habituellement c'est les enfants ensemble, ou les enfants avec le père, ou les enfants avec la mère.

Etudiant: *Et ces chalets, ils se trouvent où, en général ?*   60

M. Gaudet: Habituellement, c'est au bord d'un lac. Presque toujours. L'eau est très importante. On peut pêcher, se balader sur l'eau...

Etudiant: *Alors, l'eau a-t-elle une place spéciale dans la "mentalité" québécoise ?*

M. Gaudet: Oui. C'est un peu perdu maintenant, mais la plus grande partie de la colonisation s'est faite originellement près des grandes voies d'eau. Alors, les grandes villes sont sur les rives des grands   65
cours d'eau maintenant. Toutes les autres villes aussi sont actuellement sur une rivière, ou un grand lac, ou très près d'un grand lac ou d'une rivière. Mais les gens ne perçoivent plus, ou ne se rappellent plus que c'est ce qui a mené à la colonisation: l'eau.

Etudiant: *Parce que c'est tout d'abord une ressource ?*

M. Gaudet: Oui. C'est une ressource qui est partout au Québec, l'eau. Il y a des dizaines de milliers de   70
lacs. Presque autant de rivières. Alors, il y a de l'eau en suffisance pour tout le monde.

Etudiant: *Et on en fait une grande industrie, aussi ?*

M. Gaudet: Oui, l'hydroélectricité: peut-être la ressource naturelle la plus importante maintenant. On fournit beaucoup d'électricité pour l'état de New York et puis le Massachusetts. Surtout en période de pointe: la fin de la semaine, puis surtout l'hiver, aussi. C'est quelque chose comme 15%, en certaines   75
périodes, de l'électricité produite au Québec qui est exportée aux Etats-Unis. Des fois, plus.

STOP! REPONDEZ.

3. Quels sont les rôles majeurs de l'eau au Québec ?

CONTINUEZ.

Etudiant: *Et les "espaces verts", c'est plutôt un concept urbain ?*

M. Gaudet: Oui. A la campagne, dans les petites villes, on rase[4] tous les arbres autour de la maison.

Etudiant: *Dans les nouveaux quartiers ?*

---

[4] raser = *to shave, to raze, to demolish.*

[5] aménager = *arranger, disposer*

M. Gaudet: Il n'y a plus d'arbres. On rase les arbres.   80

Etudiant: *Pourquoi ?*

M. Gaudet: Parce qu'il y a des forêts immenses, infinies, à côté. Alors on n'a pas besoin d'arbres autour de la maison.

Etudiant: *Mais pour l'esthétique ? de la maison ? du jardin ?*

M. Gaudet: On replante des petits arbres dessus. (Rire.)   85

Bon, à Montréal, il y a des parcs partout. Beaucoup d'arbres dans les rues, enfin relativement beaucoup d'arbres dans les rues. De grands parcs, certains très aménagés[5], un peu à la française, d'autres un peu plus sauvages. C'est encore un endroit où on va pour relaxer ou pour partir de la ville. Alors, quand on va dans un parc en ville, on n'est plus en ville. On est... on appelle ça "dans la nature". Mais c'est un parc.   90

STOP! REPONDEZ.

4. Pourquoi garde-t-on des arbres en ville ? Pourquoi les rase-t-on en banlieue et à la campagne ?

CONTINUEZ.

Etudiant: *Et on se déplace[6] beaucoup à vélo, en ville ?*

M. Gaudet: Oui, en ville. Mais à la campagne, c'est la voiture. La grosse bagnole. Puis les pick-up.

Etudiant: *Le pick-up est une forme de truck, si je ne me trompe.*

M. Gaudet: Oui, c'est un truck. (Rire.) Alors, dans les petites villes, les villages, à la campagne, on se   95

déplace toujours en voiture. On va au dépanneur,[7] à 400 mètres de la maison, même si c'est juillet et il fait beau. On ne marche jamais. C'est très similaire ici, aux Etats-Unis.

Dans la ville, on conduit encore beaucoup. Il y a des gens partout, des voitures partout, mais il y a beaucoup de gens qui se déplacent autrement qu'en voiture. Premièrement, parce que il est impossible de se stationner à Montréal. Dans la banlieue, les centres d'achat ont toujours des grands parkings.   100

Devant ta maison, tu as un parking. Mais à Montréal, pas de parking.

Etudiant: *Tu avais une voiture quand tu vivais à Montréal ?*

M. Gaudet: Pas longtemps. Deux ans sur dix. Alors, pour éviter de tourner en rond ou de perdre sa place de parking, on voyage autrement. A vélo, ou en transport en commun--autobus, métro... Les métros   105

sont pleins, tout le temps. Et puis les gens se déplacent beaucoup à vélo. Il y a un grand réseau de pistes cyclables[8] qui se croisent dans les villes. Alors c'est relativement facile de se déplacer d'un endroit à l'autre, dans une voie réservée aux vélos.

---

[6] se déplacer = *to get around*

[7] dépanneur (au Québec, seulement) = épicerie ou petit magasin

[8] *bike paths*

Etudiant: *Il y a des policiers à vélo, aussi ?*

M. Gaudet: Il y a beaucoup de policiers à vélo, spécialement autour des grands parcs. Mais les policiers   110

   sont aussi dans leurs grosses Chevrolet. (Rire)

STOP! REPONDEZ

5. Quelles formes de transport alternatives voit-on à Montréal ?

CONTINUEZ.

Etudiant: *Alors, en tant que géographe -- qui passe beaucoup de son temps avec l'eau, et qui a vu les*

   effets de la pollution et de la consommation, et qui a grandi à la campagne et vécu à Montréal -- est-

   ce que tu es optimiste pour l'avenir du Québec naturel ?

M. Gaudet: Oui, plutôt. Je suis optimiste naturellement, mais pour l'avenir du Québec naturel, je suis re-

   lativement optimiste. Premièrement, dans les campagnes, la pollution s'améliore--ou diminue, plutôt.   115

   Depuis les années 70, les normes dans les industries sont de plus en plus sévères, alors moins de pol-

   luants sont transportés par le vent. Il y a une grande partie de la pollution qui a été importée des Etats-

   Unis, mais aux Etats-Unis, où les marchés sont laissés plus libres, les normes sont plus sévères aussi.

   Alors la pollution industrielle diminue au Québec sauvage et naturel. Il n'y a pas beaucoup d'ha-

   bitants dans ces endroits-là, alors la pollution directement causée par les usagers de l'endroit, les gens   120

   du boutte,[9] n'est pas très importante. Et puis depuis peut-être une dizaine, une quinzaine d'années, les

   gens s'aperçoivent qu'il faut faire un peu plus attention.

Etudiant: *Il y a une grande conscience, de plus en plus ?*

M. Gaudet: Chez les gens de toutes les classes. C'est plus présent chez les gens qui ont plus d'éducation,

   et c'est plus présent chez les gens qui sont jeunes. Peut-être parce qu'ils ont moins l'habitude d'utiliser   125

   et de jeter.

Etudiant: *Alors tu es plutôt optimiste ?*

M. Gaudet: Oui, plutôt. Mais il y encore beaucoup de travail à faire.

STOP! REPONDEZ.

6. Comment la situation est-elle meilleure aujourd'hui, selon GAUDET ?

---

[9] *du boutte* (du *bout*) = du coin, du quartier

Exploration...

A. Vous avez certainement remarqué des anglicismes dans le dialogue.
    1. Retournez au texte et <u>soulignez</u> ces anglicismes.
    2. A votre avis, quels sont les anglicismes les plus importants dans l'entretien ? Pourquoi ?

B. Ce dialogue est divisé en 6 parties (avec une question à la fin de chaque partie). Résumez chaque partie en lui donnant un titre.

    1.   4.

    2.   5.

    3.   6.

C. Retrouvez les moments où M GAUDET rit, indiqués par "(Rire)". Pourquoi rit-il dans chaque cas ?

D. La perception de la nature :
    1. Quels groupes majeurs semblent constituer la société québécoise, selon cet entretien ?

    2. Si vous faisiez partie d'un de ces groupes, quelles seraient vos perceptions de la nature ?

E. Qu'est-ce qui détermine votre choix du mode de transport ? Comparez votre réponse avec celle des Québécois (voir l'entretien).

F. La Pollution:

    1. Selon la majorité des Québécois, qui est responsable de la pollution ?

    2. Selon vous, qui est responsable de la pollution dans votre région ?

    3.   Est-ce différent ? Expliquez. Citez un exemple tiré de votre expérience.